元宇宙大传播

聂有兵◎著

中国发展出版社
CHINA DEVELOPMENT PRESS

图书在版编目（CIP）数据

元宇宙大传播 / 聂有兵著. —北京：中国发展出版社，2022.4

ISBN 978-7-5177-1292-3

Ⅰ.①元… Ⅱ.①聂… Ⅲ.①信息经济—研究 Ⅳ.①F49

中国版本图书馆CIP数据核字（2022）第071015号

书　　名：元宇宙大传播
著作责任者：聂有兵
责 任 编 辑：雒仁生
出 版 发 行：中国发展出版社
联 系 地 址：北京经济技术开发区荣华中路 22 号亦城财富中心 1 号楼 8 层（100176）
标 准 书 号：ISBN 978-7-5177-1292-3
经　销　者：各地新华书店
印　刷　者：北京市密东印刷有限公司
开　　本：710mm × 1000mm　1/16
印　　张：13.25
字　　数：184 千字
版　　次：2022 年 4 月第 1 版
印　　次：2022 年 4 月第 1 次印刷
定　　价：58.00 元

联 系 电 话：（010）68990630　68990692
购 书 热 线：（010）68990682　68990686
网 络 订 购：http://zgfzcbs. tmall. com
网 购 电 话：（010）88333349　68990639
本 社 网 址：http://www.develpress. com
电 子 邮 件：370118561@qq. com

前　言

2021年为“元宇宙”概念大火的一年。中文“元宇宙”一词来源于英文“Metaverse”，最初见于1992年著名的美国科幻小说家尼奥•斯蒂文森（Neal Stephenson）撰写的《雪崩》（*Snow Crash*）一书，其中描述了一个平行于现实世界的网络世界——Metaverse。《雪崩》也就被认为是最早提出元宇宙概念的公开正式出版物。2021年以来，我国在公开正式出版物上首次使用这一概念是在信息行业语境下。根据百度搜索结果，按时间排序后可知，《中国经营报》记者陈溢波、吴可仲在2021年4月30日的文章《竞逐“元宇宙”赛道：巨头的游戏？》中开始涉及此概念。而在中国知网上可查询到的朱嘉明2021年6月21日发表于《经济观察报》上的文章《“元宇宙”和“后人类社会”》认为，“维基百科对‘元宇宙’的描述更符合‘元宇宙’的新特征：通过虚拟增强的物理现实，呈现收敛性和物理持久性特征的，基于未来互联网的，具有链接感知和共享特征的3D虚拟空间。”此后到今天为止（2021年11月14日），不到7个月时间，中国知网中可查询到的以“元宇宙”为题名的文章便达到了167篇，排除哲学等学科的文章后还有140篇。信息行业语境下与“元宇宙”相关的、在公开正式出版物发表的论文、文章都分布在2021年下半年，时间十分集中。通过百度搜索，其他自媒体等非知网收录文章，也达到了644篇。这也说明了“元宇宙”概念的火爆。

近几十年来，信息行业的新兴热词是最多的，这无疑是社会发展的客观反映：近 20 年，信息技术引领了经济发展和社会结构变革，被称为新的工业革命。这种定位无疑体现在了社会符号和大众文化上。但是，新兴词汇的涌现也造成了一般人的困惑，要深入理解这些词汇的含义，往往需要更多的解释和宣传。可以肯定的是，“元宇宙”概念火爆并不完全是炒作的结果，这一点从世界最大的社交媒体脸谱（Facebook）宣布改名为“Meta”、全面转型“元宇宙”领域可见一斑。为了进一步阐述“元宇宙”的概念，深度描绘元宇宙可能带来的影响，本书并不打算全面描述元宇宙所带来的对各行各业的冲击，而主要针对两个大的方面：大众传媒和人类社会。本书将对这两者在信息行业语境的“元宇宙”概念下会发生何种变革进行缩写式的描绘。

为什么是传媒行业？我们知道，互联网带来的技术变革，对普通大众而言可感知的几个大方面，一是生活的便利性，例如移动支付；二是处理信息的快捷性，例如工作联系用钉钉；三是社交网络的发达，例如微信、QQ；还有就是资讯及娱乐，例如今日头条、抖音等占据普通人大部分闲暇时间的 App。这几个方面中，后两者可以归纳为传媒范畴。从某种意义上说，信息业的最终结果是加速信息流动，而传媒业的核心是信息的流动。传媒对于人类文明的改造，对于人际关系的改造，是十分明显的。因此，元宇宙这个兴起于信息业的概念，必然也会在传媒业上体现得“浓墨重彩”，将其与传媒业的关系阐述清楚，会更好地为普通人所感知。

元宇宙和人类社会的关系，则是更为重要的一环，属于不得不提的要素。其对人际关系的解构和重建，对经济活动的再发展，对人类生存哲学的影响，都是颇有趣味的话题。

本书从以上两个大的方面对元宇宙概念进行解析和展望，有利于感兴趣的读者，抛开一些技术细节，多角度来理解元宇宙。

目　录
Contents

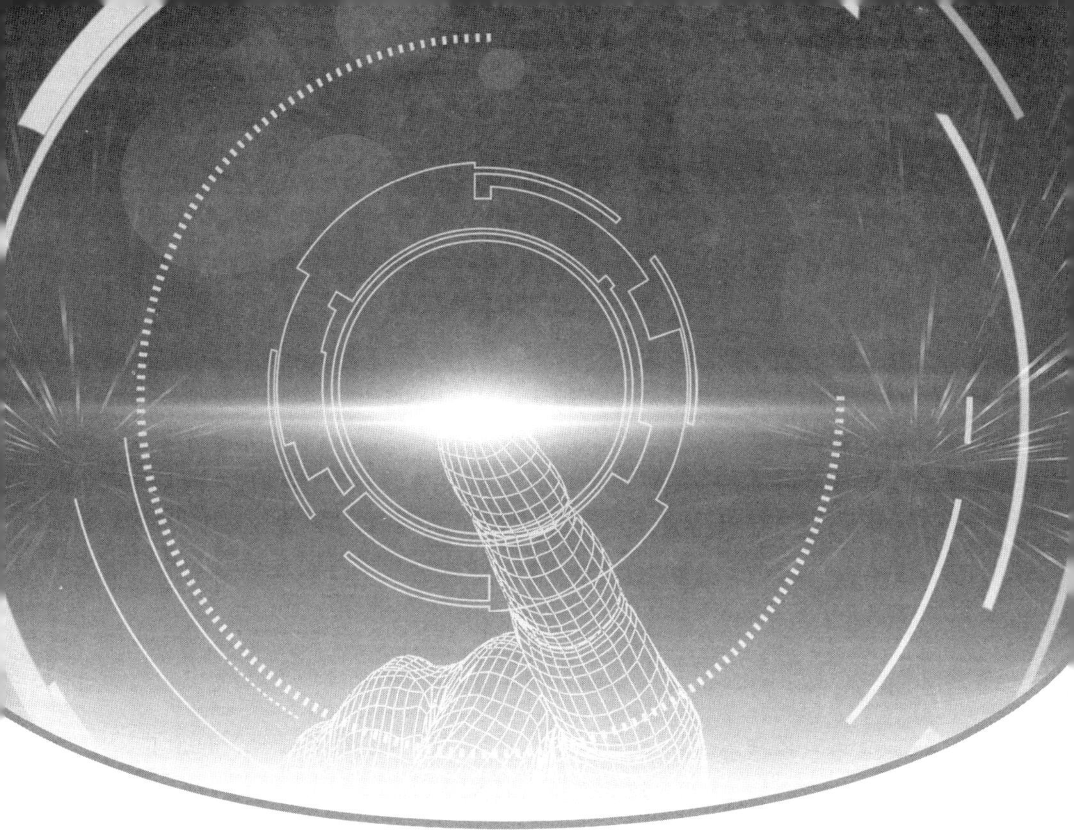

第一部分

元宇宙：人类新起点

你好，元宇宙

元宇宙，一个带有哲学意味的神秘而深邃的词汇，在2021年如同春风拂过水面一样，引起了阵阵波澜，令人瞩目。闲话少说，我们先来看看这半年多内发生的重要的相关事件吧。

2月，被誉为国产之光、有着全球口碑的游戏《原神》打上了“中国的元宇宙”的标签，其首席执行官蔡浩宇说道，希望未来10到30年内，能做出让全球十亿人生活的“虚拟世界”。

3月，被称为“元宇宙概念第一股”“元宇宙雏形”的Roblox（股票代码为：RBLX）在纽交所上市，发行价为45美元，当天暴涨，市值近300亿美元。其创始人反复提到的“元宇宙”概念走入公众视野，被大量转发、引用和讨论。

4月，北京字节跳动网络科技有限公司（以下简称字节跳动）以近1亿元金额投资中国版Roblox——代码乾坤。

5月，Facebook创始人兼首席执行官马克·扎克伯格表示Facebook将在五年内转变为一家元宇宙公司。

5月，微软公司首席执行官萨蒂亚·纳德拉也表示，微软公司正在建立一个企业元宇宙。

5月，国内广受欢迎的新一代交友App——Soul更新其愿景为持续打造年轻人的社交元宇宙。

6月，Facebook发布了名为“Hello Future”、以“AR/VR：连接新维度”为主题的报告。

7月，商业信息服务公司天眼查声称在构建自己的可信商业元宇宙。

7月，银华基金开售“中证虚拟现实主题交易型开放式指数基金（VRETF）”，号称首只元宇宙概念交易型开放式指数基金。

7月，Facebook宣布将打造一个产品团队来开发“元宇宙（Metaverse）”，这个团队将属于该公司虚拟现实小组Reality Labs的一部分。

7月，国内首届“中国元宇宙产业发展论坛”在中国国际数字娱乐产业大会（CDEC）上举办。

8月，英伟达（NVIDIA）宣布全球首个为元宇宙建立提供基础模拟和协作的平台——NVIDIA Omniverse向数百万新用户开放。

8月，字节跳动拟出资90亿元并购国内VR（虚拟现实）领域的领头羊Pico VR，布局元宇宙。

9月，A股元宇宙概念暴涨。

9月，国美旗下BIM（建筑信息模型）智能装修平台“打扮家”于中国国际服务贸易交易会首钢园区发布了首款VR家装游戏《你行你装》，游戏基于UE4引擎开发，高度仿真还原家装施工的各个过程和工艺要求。

9月，互联网数据中心（IDC）预测，2020—2024年五年间，VR/AR（增强现实）终端出货量增速将达到约86%，全球虚拟现实产业规模年均增长率将达到约54%。

9月，腾讯公司注册元宇宙相关商标：含“王者元宇宙”“天美元宇宙”等。

10月，Facebook创始人兼首席执行官马克·扎克伯格宣布，公司将更名为“Meta”，即“元宇宙”中的“元”。

11月，韩国首尔市政府发布了《元宇宙首尔五年计划》，宣布从2022年起分三个阶段在经济、文化、旅游、教育、信访等市政府所有业务领域打造元宇宙行政服务生态。

元宇宙的热度不断持续着，其在 IT 业、投资界和金融界所引起的讨论愈加热烈。对于元宇宙概念也是众说纷纭：有人认为其是互联网的下一代形态；有人认为其不过是“旧瓶装新酒”的虚拟现实概念的进一步发展；有人认为元宇宙概念太过超前，各种应用难以落地；也有人认为元宇宙的基本软硬件技术已经齐备，在未来 10 ~ 20 年内便可大规模普及；甚至有人对元宇宙概念嗤之以鼻，认为是互联网新概念的又一次炒作。各路人马集聚，各抒己见，但这并不妨碍国内外相关产业和企业真金白银地投入、布局、转型“元宇宙”，并将其追捧为当下最热的风口。

元宇宙是什么

关于“元宇宙”的严格定义，至今未有公论。最早在国内公开正式刊物[①]发表“元宇宙”概念[②]的学者朱嘉明认为，对“元宇宙”的描述更符合“元宇宙”的新特征：通过虚拟增强的物理现实，呈现收敛性和物理持久性特征的，基于未来互联网的，具有链接感知和共享特征的 3D 虚拟空间。国内著名的传媒学者喻国明关于元宇宙的文章《从“场景时代”到“元宇宙”再到“心世界”的未来》是中国知网里关于元宇宙的文章中下载量最大（达到 3000 多次）的一篇，其中说“元宇宙是一个虚拟与现实高度互通且由闭环经济体构造的开源平台”；下载量第二多的《元宇宙：人类数字化生存的高级形态》认为，“元宇宙是一个平行于现实世界，又独立于现实世界的虚拟空间，是映射现实世界的在线虚拟世界，是越来越真实的数字虚拟世界。……可以与大航海时代、工业革命时代、宇航时代具有

① 以中国知网收录为准，不含自媒体。

② 信息产业语境下，全书同。

同样历史意义的新时代。"[①] 还有更多专家学者纷纷对元宇宙作出了定义，此处不再一一列举。

在我国，元宇宙成为传统媒体讨论对象，应以 2021 年 4 月 30 日为起点。首次在信息行业语境下使用"元宇宙"概念的、发表在《中国经营报》上的文章《竞逐"元宇宙"赛道：巨头的游戏？》（作者为陈溢波、吴可仲）对元宇宙进行了报道，元宇宙概念异军突起。之前并没有任何相关的"元宇宙"讨论见诸国内正式媒体上，即使有，也只是在自媒体和部分专业人士之间流传。可见，元宇宙的"风"是从国外"吹"过来的。追根溯源，我们还是把寻求真相的目光投向其发源地，一探究竟。

我们不妨重新寻找上述被转载的维基百科对"元宇宙"的定义一睹为快。经查询，笔者引用英文维基百科"metaverse"词条释义如下："The metaverse is a hypothesized iteration of the internet, supporting persistent online 3-D virtual environments through conventional personal computing, as well as virtual and augmented reality headsets. Metaverses, in some limited form, are already present on platforms like VRChat or video games like Second Life."[②]（参考译文：元宇宙是互联网的假想迭代，通过传统的个人计算以及虚拟现实和增强现实头戴设备支持持续的在线三维虚拟环境。元宇宙，在某种有限的形式下，已经存在于平台上，如 VRChat 聊天平台或"第二人生"视频游戏中。）

从维基百科的定义来看，元宇宙概念其实十分简洁明了。元宇宙是互联网的下一代形式，强调个人可以普遍承担起其软硬件成本，就如同

---

① 刘子涵：《新阅读》，2021（09），第78–79页。

② https://en.wikipedia.org/wiki/Metaverse，2021年11月14日。据维基百科记录，上述词条更新于2021年11月13日。由于维基百科是公众编辑、公众纠错，因此其定义发生改变也是常有的事。

今天的电脑、智能手机一样，进入千家万户。它是持续存在的、3D的虚拟环境，当前主要基于虚拟现实（VR）和增强现实（AR）头戴设备来访问元宇宙。已有一些有限的、初步的元宇宙应用，如VRchat（虚拟现实聊天）和网络游戏“第二人生”，当然更包括前述的Roblox等代表性平台。

元宇宙在维基百科的概念里，关键点在于“互联网”+“虚拟现实”+“平台”，也就是指以虚拟现实设备进行联网之后的开发、应用平台。这里无须再强调“沉浸式”“互动”等虚拟现实概念中包括的已经广为人知的要点，我们紧紧抓住这三个关键词便足以“解开”元宇宙的“奥秘”。

人们的认识逻辑，都是从旧到新、从传统到现代、从已知到未知的。采用“互联网虚拟现实开发、应用平台”这样的说法，笔者认为可以从最简洁的角度对元宇宙作出定义。任何定义本身也需要简洁化且具有对传统的继承性，否则便不是本质的定义，而是发散的、演绎的定义。这里要注意一点，元宇宙是“开发、应用”两者兼具的平台，而不是“应用开发”平台，前者包括了编程者和用户，后者则只为编程者服务。

元宇宙和虚拟现实的关系

不可否认，元宇宙概念对虚拟现实既有继承，也有新的发展。虚拟现实强调两点，一是创造一个模拟现实的空间环境，二是人们可以沉浸其中，进行各种互动。元宇宙概念则扩展了对虚拟现实的进一步想象和描绘。首先，在这个虚拟现实的环境中，人与人之间是通过互联网连接的，可以实现社交媒体的功能，这就为其他功能如经济交往、知识传递、文化交流等打下了基础。其次，元宇宙强调人人都是创造者（编程者、开发者），在虚拟现实空间中，用户的重点是“使用”各种虚拟现实物体，元宇宙中则强调人人参与虚拟世界的建设。前文所提到的“元宇宙概念第一股”Roblox本质上就是一个3D联网游戏，与其他3D联网游戏不同的是，用户可以在其中开发自己的应用，包括游戏、软件等，这类用户开发的游戏、软件，又可以有偿或无偿提供给其他用户使用。在某种意义上，它就是今天的苹果应用商店、安卓应用商城的概念，有平台的性质。未来的元宇宙，谁能占据平台，谁自然就能把握大部分用户。

现实世界中的建设和开发，包括各行各业。例如，房地产开发商为人们提供住宅建设和商业办公楼开发；银行为人们提供金钱保管、转账和理财服务；能源企业为人们日常生活提供电力、燃气等。这些都可以称为开发，提供产品和服务。在元宇宙中，人们或者机构也可通过编程来实现“产品和服务”的供应，只不过这种供应的对象是元宇宙中的虚拟生存者们。问题在于，虚拟生存者们难道会一直生存在虚拟世界中，他们不需要回归现实世界吗？答案是，有可能。好莱坞电影《头号玩家》的背景就在一个类似的世界，主人公生存环境恶劣，可以称得上是贫民窟。在虚拟现实中，他却是智力超群、身怀绝技、大杀四方的高手，破解最深的谜团，获取最高的奖赏。道理很简单，当元宇宙所提供的乐趣远远大于现实世界的时候，人们在元宇宙中生存、玩耍、交往的时间，极有可能超出其在现实世界中的时间。这样一来，前述元宇宙中的“产品和服务”就具有了等同甚至超出现实世界中“产品和服务”的重要性。一言以蔽之，人类将逐渐从现实世界的生存者过渡为元宇宙的虚拟生存者。

去掉泡沫，回归本质。当我们说元宇宙的时候，一定记住，元宇宙是互联网的迭代，但千万不能将元宇宙作为虚拟现实的迭代。元宇宙只是在虚拟现实的基础上，强调了“联网”和“开发”两个以往在人们谈论虚拟现实的时候忽略了的东西。有人把2021年称为“元宇宙元年”，这使我想起了人们也曾经把2016年称为“虚拟现实元年”，那时候人们重点谈论的是虚拟现实能给人带来的全真体验、娱乐乐趣，而没有设想到人人参与虚拟现实的建设，也没有把虚拟现实社交作为重点——或者说，按照理解新事物的规律，当时我们还没思考到那一步。现在元宇宙的概念风生水起，正是虚拟现实概念不断发展，而今水到渠成、顺理成章而已。

元宇宙带来的是什么

元宇宙为我们的生活带来什么？要回答这个问题，让我们先想想互联网给我们带来了什么。在互联网出现之前，人类社会总体处于一个平稳的发展状态，信息的传播和流动是低效率的。电话等通信工具成本高、不方便携带；人们的工作、生活截然分开，是一种缓慢的节奏；社会风潮的更新没有那么快；人们的日常生活也没那么复杂……一切都类似于田园牧歌式的经典文学作品。互联网出现后，人类社会的发展突飞猛进，尤其是在信息传播角度，作为普通人能感受到的，则是生活更便利、沟通更快捷、沟通成本更低、生活节奏更快，紧张和压力感陡然加大。社交网络、大众传媒突然大量涌入我们的日常生活，信息如同潮水一般冲击着我们的感官。世界变得更快、更纷繁，人也变得更多元化了。在今天，随着移动智能手机和5G网络的普及，大量的事务不需要出门办理，在手机上即可完成；大量的免费娱乐通过网络即可获取，不需要东奔西跑，也不需要大量的金钱成本；工作也可以在家完成；许多任务都可以独立依靠个人以及互联网来完成。任何一种工具，对于普通人来说，其最终结果体现为日常生活的变化。互联网也一样，对于普通人而言，就是生活更快捷、更便利了。

元宇宙为人类带来的，不仅是一个虚拟现实的生活空间，从更深远的角度讲，元宇宙彻底改变了人类社会信息传播的方式，传播即到达，权限控制一切；人类通过元宇宙实现了“创世”之力，人类社会的哲学、伦理也将产生巨变。元宇宙内的大众媒介和人由有形变为无形，信息的速度、容量达到无限。现实世界中人类对自身肉体逐渐舍弃，元宇宙占用人类时间的比例超出现实世界，人类逐渐成为元宇宙中的虚拟生存者。这并非科幻文学，而是切切实实正在发生的客观事实。综合而言，元宇宙带来的是终极的传媒、终极的人。

元宇宙：虚拟生存时代来临

虚拟生存是什么？简单地说——半永生时代来临并将最终进入永生时代。

人脑在技术上可以实现完全复制，但不会发生在这 100 年内。这是本文的假设前提①。因此，虚拟生存是指人类以思维完全数据化、信息化的方式生存，只维持个体所需的基本物质条件及接入元宇宙的物质条件。这种生存是通过抛弃人类的肉体所获得的半永生状态。

技术上，现在人类已经可以实现各种器官和感觉的取代与传输，唯一的问题是技术的成本还太高，无法普及。从人类科技发展史来看，各类科技从发明到普及需要过程，随着技术发展和成本降低，只要是有市场需求的产品和技术，便一定能普及到中等收入以上的人群。以电脑为例，20 世纪 90 年代的个人电脑售价为 1 万元左右，当时的城镇人均月收入为 1000 多元，而今天的低档个人电脑价格为 1500 元左右。除去通货膨胀因素，电脑售价占据个人收入之比的下降趋势十分明显。电脑普及率不断上升，计算能力不断上升。今天的个人手机所具备的运算能力，已经超过了 20 世纪 70 年代空间卫星的运算能力。电脑微型化，不断渗透、融合到人类的日常生活和劳动工具中，甚至进入人类自身——义肢（假肢）便是人类最初展现自身器官取代性的现象。南

① 对于人脑能否被机器（电脑）100%模拟、在多长时间后的未来可能实现，未有定论。

非的残奥会冠军、著名残疾人田径运动员、世界上跑得最快的无腿人奥斯卡·皮斯托瑞斯（Oscar Pistorius），绰号“刀锋战士”，则是一个在技术层面上加入更多人体工学、机械学和材料学成分于人体的案例，只是这其中最终的一步即统合信息化尚未完成。而未来的虚拟生存，是人类在高比例的机器替代人体、接入互联网、感官全部数字化、信息化条件下的生存。

元宇宙和虚拟生存

元宇宙脱胎于虚拟现实，人们在元宇宙中实现虚拟生存。虚拟现实的概念来源于英文 Virtual Reality，对此英文单词的译法，曾出现过一些争论。最终“虚拟现实”一词更为人们所认可，逐渐固定下来。国内文献中较早提出此概念的是刊登于《世界研究与发展》1992 年第 6 期的文章《虚拟现实研究前景展望》，陈茜摘译。该文并没有介绍虚拟现实的概念，仅以新闻报道的语气介绍了美国对虚拟现实的初步应用，文章说：“直至前不久虚拟现实技术都还只不过被看成是用于训练飞机驾驶员、核电站工程师、舰船和潜艇导航员的一种高技术手段……最近，许多领域的虚拟现实研究的开发利用迅速增加，这些领域包括药物设计、地面行星探测、制造业和飞行员训练……几个美国政府机构已对开展这项研究表示出兴趣……研究工作预期于 1992 年秋季开始。”文章清楚表明了，虚拟现实应用研究在美国始于 1992 年。1993 年刊载于《情报杂志》Z1 期的何明的文章《注意：当代十大关键科技进入快行道》则认为虚拟现实技术是“利用电脑影像技术在屏幕上创造假想的实况”以及遥控机器人操作。显然，这体现了当时条件下人们对虚拟现实的一个具有局限性的认识——将虚拟现实局限为电脑屏幕或遥控技术。同年，柯文在《世界知识》第 18 期的文章《走进奇妙的世界——浅谈虚拟现实技术》中，较为准确地描述道：“虚拟现实技术是在计算机技术基础上发展起来的一种新技术……是人通过传感器和操纵装置看到一个经过计算机处理、控制的模拟世界。在虚拟现实中，人们看到、听到甚至触摸到的，都是一个并不存在的虚拟世界，但它又是那么逼真，使我们切切实实地感觉到它的存在。”此处比较准确地描绘了人们对虚拟现实的感受，但仍然无法突破到更深的层次。从1994年到此后10年，有关虚拟现实的研究飞速发展。只是多年来，针对虚拟现实的主要研究方向集中于理工自然学科，应用性、专业性较强，与普通人的生活并无太直接关联。随着时间的推移，电子消费品和互联网的普及，电子设备与人类的生活息息相关、交叉渗透，成为我们日常生活中不可或缺的部分：电子邮件、社交软件、新闻浏览、娱乐、学术信息、兴趣爱好、人际圈、生活服务等，不论何种应用方式，都与电脑或智能手机的使用成为一体，普通人与虚拟现实元宇宙的距离越来越近。

维基百科是这样解释“虚拟现实”的：“它有时指的是沉浸式的多媒体，是一种电脑模拟环境，可以在真实或想象的世界中模拟物理性的存在，它可以创建感官体验，包括虚拟的味觉、视觉、嗅觉、声音、触觉等。”[①] 这一解释较为符合虚拟现实的技术现状。但是仅从字面描述上看，我们还难以想象其对未来的人类生活的深远影响。

美国作家、教育家，被称为“网络空间思想家”的 Michael R. Heim 博士在其1993年的著作 *The Metaphysics of Virtual Reality*（可译为《虚拟现实的形而上学》）中，提出虚拟现实的7个不同概念特征：模拟、互动、人工、沉浸、遥在、全身沉浸和网络沟通。模拟，是指虚拟现实环境模拟的是某个环境——可以是现实世界，也可以是非现实世界，这个世界具有一定规律；互动，是指在这个环境内，人可以和环境、和他人、和人工智能等通过各种模拟现实的手段进行沟通交流或信息交

① http://en.wikipedia.org/wiki/Virtual_reality.

换；人工，是指这一环境是由人创造的（在更远的未来可以是人工智能创造的）；沉浸，是指人进入虚拟世界的一种状态，即真实世界的一切感受暂时消失或被忽视，而被人造世界的感受所包围、笼罩和吸引乃至震撼；遥在，是一个新造词，指人存在于一个遥远的场所，这种存在对于虚拟世界中的其他人而言是真实的、有意义的，因此它是一种“存在”，而非虚幻；全身沉浸，是指人不需要佩戴额外的电子设备就直接可与虚拟世界进行交互[①]。关于这一点，必须提到初期的虚拟现实设备是非常累赘的，需要佩戴头盔、手套等工具。而全身沉浸下的虚拟世界则不同，人类可直接在其中与环境、与他人进行互动。此类技术的核心在于“动作捕捉”，环境通过电脑程序、光线感应（如摄像头）捕捉人的活动，并指令环境进行相应的变化[②]。

综上所述，所谓虚拟生存，可以简单地但又足够充分地解释为：在元宇宙世界中生存。在其中生存的角色，相对于现实世界来说，是一个创造出来的角色，是“虚拟”的；但元宇宙发源于现实世界，又具备了现实世界所有特征，还在不断扩充一系列新特征。当自动化、智能化发展到一定阶段，人类的活动将大部分处于元宇宙，包括对现实世界的操作，也可以通过元宇宙来完成。虚拟化生存，实际上是另一种现实生存，是在自动化和智能化硬件、软件笼罩下的现实世界，人类在其中的行为方式和生活方式，乃至核心价值观都将发生极大的变化。

虚拟生存的技术发展史

虚拟生存并不是一个一开始便顺理成章的概念，而是在人类社会不断发展的过程中，逐渐成为可能的。人类的肉体伴随着人类的历史，是

---

① http://web.stanford.edu/class/history34q/readings/Michael_Heim/HeimEssenceVR. html.
② 这一技术早已应用于好莱坞电影特技和各类体感游戏机上。

人类思想的物质基础。肉体的进化是人类得以延续发展的必备条件。但肉体在某种角度也同样限制了人类这个强大生物的完善。

1. 虚拟化之源：义肢及器官替代

人类肉体的可替代性，追根溯源应从义肢的历史开始。西方观点认为，义肢最早可追溯到埃及第五王朝（约公元前 2750 年—约公元前 2625 年），因为挖掘出的最早的骨折患者使用的夹板便是处于那个年代。

公元前 950 年至公元前 710 年便有了假脚趾。

古希腊作家希罗多德（约公元前 484 年—约公元前 425 年）曾描述过一个通过砍断自己的脚来逃脱铁链的犯人，他使用一个木头假肢来代替失去的脚。

今天，技术的发展已经使原始的、功能单一的、不甚精确的义肢向更为精确、功能更复杂的义肢转变。生物工程、材料科学、电子信息技术、3D 打印等使得义肢已经远远超出了其原始意义。

耐克公司（Nike）与奥索公司（Ossur）联手推出新式假肢跑步鞋（2013 年）——碳纤维假肢。它不仅可以为假肢使用者带来更为舒适的穿着体验，甚至还能够帮助他们提高运动机能。这种假肢使残疾人也可以与正常人一样同场竞技。

此外，智能化义肢也进一步使人类朝摆脱肉体的方向前进。所谓智能假肢，是利用人体在失去肢体后仍保存的神经系统，通过与电子计算机控制下的软硬件相联结，实现超出普通仿真义肢的功能，例如控制机械、打字、照相等。随着 3D 打印技术发展，人类可以便利地制造不同功能的义肢，例如出于军事目的，在人体上装备一挺机枪或一个激光发射器。这一切已经不再是幻想，而是触手可及的技术。

除了义肢，人类内脏器官的替代可能性也在不断提升[①]。例如，1945 年便已实现临床应用的人工肾（血液透析器）可部分模拟肾脏代谢功能；1953 年人工心肺机首次用于人体，其人工肺部分模拟肺进行氧气与二氧化碳交换，通过氧合器使体内含氧低的静脉血氧合为含氧高的动脉血；人工心脏（血泵）是代替心脏排血功能的装置，结构与泵相似，能驱动血流克服阻力沿单向流动；1982 年底，美国犹他大学医疗中心的德弗利斯博士为一位 61 岁的患者安装了世界上第一个永久性人工心脏，使病人活了 112 天；2006 年英国科学家研制出一个完全模仿人体消化过程的人造胃，有助于科研人员开发超级营养品；人工眼睛从最初的仅具备装饰作用的假眼珠，到如今可部分实现眼睛功能的电子神经义眼（2010 年出现）。2020 年，由香港科技大学科学家领导的国际团队研发出的全球首款 3D 人造眼原理图，其能力在某些情况下甚至超过人眼。

虽然人工器官目前只能模拟被替代器官 1 ~ 2 种维持生命所必需的最重要功能，而且造价昂贵，甚至还可能体积庞大、重量重，不具备便携性，但如同个人电脑一样，从天价到平价、从专业到普及，这一切也不过是时间问题。

2. 感官替代和感觉传输

人体验世界是通过眼、耳、鼻、舌、肤与外界进行交互所产生的视觉、听觉、嗅觉、味觉、触觉来实现的。感官替代和感觉传输对于元宇宙的虚拟生存来说是非常重要的任务。如果没有感官，我们无法与世界进行信息交换，也就无法实现与世界的互动——不管这是现实世界还是元宇宙。2006 年，已经有公司为向大脑传输带有味道的数据

---

① 人造器官主要有三种：机械性人造器官、半机械性半生物性人造器官、生物性人造器官。要实现虚拟生存、摆脱肉身，必须以机械性人造器官为前提，因为机械比生物的寿命更长。

这一概念申请了专利，其目的旨在用仪器将超声波输入大脑，修改大脑特定部位神经细胞的工作模式，让大脑产生包括味觉和嗅觉在内的各种“感官体验”。以色列魏茨曼研究院的两名科学家研究出了“可以传输味觉”的数学公式。根据他们研究出的方法，我们可以从一台计算机向另外一台传送“加密”的信息，然后这一信息可以通过一个传感器转化为可以使人“感觉到”的香味。英国一家名为 Telewest 的宽带服务商曾经测试过一种气味发生装置。这种装置允许用户通过互联网传输他们选择的气味。这个茶壶大小的设备内置 20 种气味胶囊，通过释放一种或者多种胶囊的微粒，能够制造出 60 种以上的不同气味。配备有这种设备的电脑可以通过软件识别网页或者电子邮件所携带的气味信息，并促使设备释放出对应气味[①]。这意味着，一种比较简单的感官传输方式，是在人周围配置相应的装置，一旦接到相应的远程数据，便向人体施加、释放不同的可感受信息，如声、光、电、香等。当然，这只是初步的感觉传输。但当我们注意到感觉实质上是五官通过神经、生物电等生物特性作用并刺激于大脑特定皮层这一事实的时候，我们很自然地能联想到，模拟五官的感觉可以通过机械直接联系大脑来实现。其作用机理是：一方面设计人造器官，获得感应外界的能力并将不同性质、尺度的感受量化为数字信号，例如不同大小的风力吹到脸部的感受，可以用不同的数值代表，不同的气味用不同的数字组合，如同颜色一样[②]；另一方面通过电波传递数字信号，最终转换为人类可识别的生化或电信号，刺激到特定的大脑皮层，使不在现场的非参与者也能获得与现场参与者相似的感受，这就是感觉的远程传输。

“身临其境”这个成语可以很好地描述元宇宙带给人的感受。为了

---

① 杨孝、任秋凌：《超声波刺激大脑产生感官体验 互联网将传输气味》，http://www.ce.cn/xwzx/kjwh/gdxw/200504/27/t20050427_3716034.shtml，2005-04-27。

② 颜色在计算机上的数字化早已广泛应用于图像技术，不同的数值代表不同的色相、饱和度、色调、亮度等。

达到这个目的，虚拟现实装置将不断演进。其升级可分为三个阶段。

第一阶段是以肉体存在为基础和前提下的虚拟体验阶段。

这一阶段仅以进入或退出元宇宙的方式为界限，人类的生活明显分为两种情形，即现实生活和虚拟生活；虚拟生活无法独立存在，需要肉体的支持，虚拟生活只是现实生活的一小部分，集中在工业、设计、医疗、新闻、娱乐等层面。根据虚拟设备的发展情况，虚拟体验又可以分为三个子阶段，当前人类已经经历子阶段一，正在经历子阶段二。

子阶段一：头戴设备阶段。虚拟现实的一个主要特征是在视觉上创建新世界，视觉是人类感知世界的主要方式，其他感官相对视觉而言位居其次。因此，早期开发的虚拟现实装置都是致力于从视觉上呈现一个立体的空间，但仅仅是立体感还不够，因为立体电影也能提供立体感，虚拟空间要模拟沉浸的感觉，必须将虚拟空间以外的视域暂时屏蔽。基于此目的，开发者进一步将头盔设计为眼部前端周围封闭、视野内排除了虚拟空间以外的现实环境，使虚拟空间占领人的全部视域。这类雏形的头戴设备笨重、体积大、无法移动。

子阶段二：头戴设备附加活动装置阶段。如 Virtuix Omni 的设备。头戴设备只能给使用者带来视觉和听觉刺激，但如果附加各类提供人体四肢和躯干与虚拟世界进行互动的活动装置，又完全是另一层境界，可以极大地丰富虚拟体验。例如跑步装置、VR 手套等，可以将人体的躯干和四肢融入元宇宙环境中，获得更为逼真的感受。具体来说，跑步装置可以使人的腿部动作如走、跑、跳等与环境互动，真实环境中的腿部动作会反馈到元宇宙中人的视觉变化，包括动作的速度、幅度在元宇宙中也同步体现；VR 手套反馈的是臂部动作和手指动作，手指的点击、抓取都能反馈到虚拟环境中，对虚拟的物体产生真实影响。唯一的区别是：真实环境中的动作作用的是真实物体，而虚拟环境中的动作作用的是虚拟物体，虚拟环境中的动作由真实环境的动作驱动，这是为了适应人的习惯从程序上对元宇宙进行的规则制定。也就是说，从程序设计上虽然可以设计为：真实世界中佩戴虚拟手套的人五个手指张开（或其他动作）在虚拟世界中形成抓取的动作，但由于不适合人类习惯，这样设计是低效率的，没有任何意义，只有与人类真实世界尽可能相似，人才能最快地适应。因此，元宇宙的物理规则是模仿现实世界的。

子阶段三：内置阶段。所谓内置，即将相关的感应器高度小型化、细微化，植入人体内部，作为辅助感应外界的设备，又称为“脑机接口”。这样人类便不需要附加累赘的各类机械设备，可以方便地在现实世界和虚拟世界之间切换。此类技术早已萌芽。美国国防部高级研究计划局计划打造一个可刺激人体免疫系统治疗疾病的人体植入物。该设备会监控神经系统、器官和整体健康状况，并通过电脉冲触发反应来调节免疫系统，运行内部器官，召唤人体自身的“部队”来对抗感染并修复伤害，不需服药即可对抗炎症疾病[①]。一位名叫 Zoe Quinn 的游戏开发者在自己手掌的拇指和食指之间植入了一枚芯片，该芯片编程为向特定对象发送他的游戏开发主页链接[②]。此外，还有可植入智能手机、治疗芯片、数字药片、避孕芯片、文身控制芯片、人脑与机器的接口、智能生物电池、身份验证等 。

脑机接口，又可以称为人机接口，是在人体上安装接口以接收元宇宙的数字信息，刺激人脑产生相应的感官体验。这样一来，前述提供感受的机器都可以省略，人类体验元宇宙不需要外部辅助器械，只需要自身肉体即可。

在这个阶段，虚拟世界和现实世界之间存在着类似“开关”的界面装置。虚拟设备仅是人类日常生活中的一台作用有限的仪器，用于实现

---

① 赵青：《DARPA开发人体植入芯片，让身体自愈》，http://www.leiphone.com/news/201408/eRWHZOQjiUOQNBqJ.html，2014-08-30。

② 王雪莹：《人体植入电子芯片：游戏开发者植NFC芯片入手》，http://digi. it.sohu.com/20140509/n399327453.shtml?qq-pf-to=pcqq.c2c，2014-05-09。

某种目的，如娱乐。举例而言，游戏机就是一种具有虚拟世界特征的娱乐装置。打开开关，我们便可以进入一个虚拟的世界，里面有其独特的运行规则，按照这种规则去运行，人类有一定的自由度，并在与这个虚拟世界的互动中挑战自我，获得精神满足。关闭开关，我们又回到了现实世界。

本阶段的元宇宙体验是相当初级的，只能成为一个重要的工具，而不能大规模地影响人类生活。

第二个阶段是肉体除大脑外全部机械化的阶段。

这是随着技术发展、人体的各器官逐个被替代，最终必然出现的阶段。虽然人脑能否被机器和电脑 100% 模拟尚存争议，但除了大脑以外的其他器官如果实现全面机械化和智能化，那么人类必将获得相对于现阶段近乎永生的生命。因为目前人类的寿命终止往往是由于器官衰竭或病变造成，从某种意义上，肉体器官是生命体的累赘，将其替换为机械或电子装置后，人类就不需再为这些器官担忧，只需维持人脑的生存即可。类似想象在美国动画片《飞出个未来》中有所描绘：一个人的头被装在玻璃瓶中，没有躯干和四肢，但是可以维持思维意识。

现实中较为接近的例子，如著名的英国科学家霍金，全身肌肉失能，但可以通过思维控制计算机和机械电子设备发声。在一定的技术条件下，人脑可以脱离人体其他的生物器官独立存在，通过外部营养供给，如同试管婴儿一般生存于人造环境中并维持思维能力。这样一来，人体的躯干和四肢就不再局限于当前的样子，而是按需装配，必然大大突破肉体的局限性。

这个阶段，人类的大脑仍然具有“唯一性”，不可被替代，但已经可以在两个层面上实现所有体验：一是大部分肉体的不复存在使得人类可以参与很多以前不能或无法参与的活动，直接经验范畴大为扩展；二是信息传播的编码和译码过程简化，任何体验可以通过自身的感应器获得（直接经验），或者通过数据库以电子信息的方式获得（间接经验）。与传统意义的通过文字、语言、声音、图像等传递的模糊的“间接经验”不同，这种经验是从虚拟化个体的大脑通过人机接口直接通往另一个大脑，是“复制”的结果，可以 100% 与直接经验相同。与第一阶段相比，由于具有统一接口，虚拟个体之间的网络化程度提高，个体之间的信息交换极为迅捷。思维、知识与经验的传递在瞬间即可完成、传播范围无远弗届。这种瞬间的信息传递与目前的网络电子信息传递的本质区别在于，传播者的经验、知识和思想是直达受传者的大脑，在瞬间成为另一个个体的经验、知识、思想，而不需要受传者进行解读，其带来的人类知识、经验、思想和价值观的积累和扩散速度和程度将是空前的。

在这个阶段，人类的元宇宙生存体现为虚拟和现实的交融。过去很多无法实现的体验，通过摆脱大部分肉体，可以直接体验；也可以通过获取他人体验数据的方式来间接体验，而且这种间接体验和直接体验是毫无误差的。人类不必经历而通过设备而获得体验，是本阶段的特点，但还不是终点。由于肉体大脑的脆弱，人类可进行的体验还存在限制；机械体相对于生物体来说虽然不易耗损，但在物理上仍有极限，还不能达到永生的境界，需要定期保养、替换，而且大脑独立存活的寿命、老化的速度，也是未知数。总之，此阶段是一个中间阶段。

人类的现实生存和虚拟化生存仍然可以区分，但二者融合的部分大大扩展，虚拟世界在一定程度上已经是现实生活的重要部分，甚至是主要部分。这其中主要是对真实世界的体验的传播和复制。如果把对真实世界的体验视为信息，把信息的数据化和电子化视为一个编码过程，那么通过电子手段接收这个电子数据则属于译码过程。这种体验虽然可以 100% 与原生体验相同，但其仍然是“非真实经历”的，是虚拟的。例如一个高山极限滑雪运动员从陡峭的雪山上飞速滑降，这个体验的来源包括重力作用、风速、风声、紧张感等一系列外部及内部客观因素，这些因素有的可以被人觉察，有的则是生理性的、微观的事物，如大脑分泌的化学物质等。这些刺激来源如果通过虚拟世界去模拟，未必能达到100% 还原度。但如果不考虑这些刺激来源因素，仅考虑大脑生理层面的反应即人的体验感觉，则可以简略地重现特定的大脑状态，通过使用某种化学、电子、生理手段刺激大脑的特定区域，将这种体验的感觉本身作为数据进行描述，再输出为数据，则可以 100% 复制这个运动员的真实体验。这种情况下，要获得某种体验，只需要指定输入特定的数据包即可直接刺激输入者的大脑来还原这一刺激场景。这种情形不是人类在虚拟世界中的虚拟体验，而是对于真实世界的虚拟体验。

在这个阶段，人类生物性的地位被降低，从而使人类的经济、生产等物质活动发生巨大变化，人类对物化生活的需要由追求物质享受变为追求物质安全，同时维持部分未机械化的器官的部分基本生物特性；人类的生存需求发生变化，以马斯洛的需求层次理论来解释，精神层面的需求大大提升。但是与最终阶段不同的是，大脑仍然存在老化和寿命的问题，而且由于大脑的思维和意识无法复制到机械设备或其他生物体，其唯一性和不可替代性仍然存在。因此，这个阶段只是一个中间阶段，还不是人类发展的最终阶段。如果技术无法突破，则人类在真正意义上的“永生”是不可能实现的。

第三个阶段是完全虚拟生存阶段。

这个阶段的物质基础和技术前提是大脑的完全可替代化①，即思维和意识的可移动、可转移、可复制。当思维和意识、感觉和情绪可以100% 转移，不再固定依附于某一特定物体——人脑或电脑上，思维和意识寄存之体可以被取而代之时，人类的虚拟化生存阶段才真正到来。虚拟体验设备从肉体的辅助装置变为取代人类肉体的容器，“内外合一”，人类的形态也将实现多元化，无法从外观区分人类，而仅能以人

① 替代体可以是智能化的机械电子脑，也可能是其他生物脑。

类的意识和思维为标志。

结合前述阶段的全身其他部位机械化、电子化、智能化甚至无形化的情形，理论上人类可以随心所欲地更换自身意识和思维所寄存的物体，人类的思维、意识和情绪、情感、记忆包括原有的互动机制，全部可转换成为电子化的信息数据，而且人类可以在自己的存储空间内创建虚拟世界，并允许他人读取、进入和互动，这就构成了无数的虚拟但又存在着真实人类互动的社区①。这个社区的规则由其创造者制定，其背后的本质是计算机编程，但这种编程水平已经随着人类脑力的机械化和智能化得到极大提升。这也意味着这个社区或小型虚拟世界的真实性大大提高，因为其体验是通过数据包的方式获得、传递和学习的，是可以100% 复制和共享的②。

由于实现这一切的技术基础是大脑的可替代化，大脑作为人类最复杂的器官，其机能是否可以被 100% 复制和替代？即使可以，这个阶段要多久？这些仍需要技术的发展去验证。在其他器官和躯体可替换已经成为现实的今天，将这种“最终状态”对人类的社会生活重大影响加以考虑并不突兀。此处仅仅是描述人类最终实现“元宇宙”虚拟生存的技术原理和图景，这种图景随着科学技术的进步必将出现，或者说是无限趋近的。

虚拟世界的实在性是无可置疑的，因为它符合现实世界的每一个特征，也具备现实世界所不具备的可能，一切仅取决于创造者的想象力和

---

① 这时候的人类物质形态已经消弭，这种消弭不是物质的灭失，却是物质对思维的束缚的消失，人类可以自由更换物质本体。

② 计算机编程领域的开源工程是在非营利、非特定开发者框架下，人类自发的集合工程，如计算机操作系统Linux，没有任何组织机构牵头——“去中心化”、参与其中的开发者没有报酬，只是遵循开源的基本原则——公开、共享、非营利，通过全世界无数开发者不断地改进和积累，到今天基于Linux的系统成了全球最广泛使用的电脑和手机操作系统。这说明人类虚拟世界的建设也很可能是这一种“自发集合工程”模式，不断积累而成——其内在驱动力并非物质——因为所有参与其中的人群无法获得物质利益。精神动力作为人类自发参与的一种内源性特征在此得到印证。

创造力。唯一需要担心的是，正如今天存在的互联网站一样，真正具有大批量用户、有意义的网站并不多，许多网站只是信息孤岛——这些虚拟世界是否具有访问和虚拟生存的价值？此外，如此多的虚拟世界一旦互联，必然会有某种通用规律，包括伦理的、经济的、文化的规律，使其变为一个集大成的虚拟世界，其管理和控制也是一个庞大的问题。

但人类仍然有的选择。人类可以选择将现实生存和虚拟生存融为一体，也可以选择仍然将现实生活作为主要的生存方式。在前者的状态下，“现实即虚拟”完全实现，人类可以创造出无数的非物质世界，但是，这个非物质世界成为人类活动的主要场所，即“新世界”，与之前人类创建却无主要的人类活动的世界有着本质区别。人类就是这个新世界的“造物主”，不论在真实世界还是虚拟世界中都可以获得永生。这种永生是指全身机械化、相对于纯肉体人类的生命的极大延长。从理论上说，只要保持机械零部件的更新换代和机械化大脑的存储，就可以实现无限的生命。虽然这个永生仍然没有脱离物质基础，需要生产活动去支撑和维护，但这种生产活动的性质已经大为简化。

总之，巨大笨重—轻质—内置—内外合一，人体部分取代—人体大部分取代—人体全部取代，虚拟体验—虚拟生活—虚拟生存，这是元宇宙和虚拟生存的必然进程，当前我们已经处于轻质虚拟装置的大规模民用产业化的初级阶段。有关新闻层出不穷，唾手可得。微软、苹果、诺基亚、高通等科技软硬件巨头纷纷制定了虚拟现实发展战略，“微软斥资 1.5 亿美元进军虚拟现实技术”“AOL 花 44 亿美元打造虚拟现实直播室”“苹果加速布局虚拟现实领域”“诺基亚 2 亿美元收购可穿戴设备厂商 Withings”“迪士尼发力虚拟现实动画片”“高盛预测：十年内虚拟现实市场规模将达 800 亿美元”……所谓“暴风雨前夜”，虚拟现实潜流暗涌。

英国生物学家朱利安·赫胥黎（Julian Huxley）1957 年创造了“超人类主义”（transhumanism）一词。他解释说，人类生物可以超越自身

（如果他们愿意的话）；这一行为不是偶发零星的，而是不同的个体用不同的方式来实现——但在实质上他们仍为人类[①]。元宇宙在某种意义上就是为文明打开了这样一个“超人类化”的大门——通过元宇宙的虚拟生存，我们可以超越自身。

元宇宙虚拟生存的本质是一种数字化生存。“数字化生存”虽然不是一个新名词，但虚拟并非简单意义上的“肉眼不可及”，而是“非物质、意义性”的复杂存在，只不过这种存在依赖于物质基础“容器”。现实世界的物质由原子、分子等粒子构成，然而虚拟世界不由粒子构成，而由信息和数据构成，它也不同于物质概念，无法用度量衡表示其形状大小，只能用字节来衡量其信息容量的大小。但这种虚拟世界由于具有了世界运转的基本物理法则和经济、社会、文化法则，而且可以反作用于现实世界，故而人类可以通过虚拟生存来直接实现现实生存——更何况虚拟生存的想象性空间比现实空间丰富无数倍。

我们也可以这样“简单粗暴”地看元宇宙和虚拟生存：数字化生活在我们现实生活中占据的比例越来越大，最终我们的生活变成了纯数字化生活。元宇宙虚拟世界所占现实世界的比例是不断扩大的。“信息爆炸”是一种描述信息生活占据人类生活的比例出现几何级增长的话语表达，其根本原因便是数字化生存的快速发展。虚拟世界的大小，等于信息总量占人类生活的比例，虚拟世界是一个由信息构筑而成的世界，其特征是无形、仅由信息和意义构成。其反面即为人类的肉体生活，代表了人类无法脱离实质物化的部分，生物特征注定人类无法脱离其维持生存所必需的能量和物质，同时受到生物新陈代谢和寿命有限的制约，因此，虚拟化生存的关键，便是肉身是否能为机械所全部取代。

在元宇宙中，人类可以创造新世界，这个世界并不是我们生物性大脑中的幻想空间，而是真实存在的、可以与他人进行互动、可以影响现实的世界。

---

① http://en.wikipedia.org/wiki/Transhumanism.

元宇宙的行业与经济

元宇宙的外在体现是人类对于自身躯体和器官的扬弃，即数字化生存；虚拟生存的内在本质是人类生活方式的革命，即从物质生活主体向精神生活主体过渡。这种过渡建立在人生物性逐渐消失的基础上。人肉体的消亡，带来一系列庞大繁复的问题（虽然需要经历一个漫长的过程），最直接的莫过于对人类现存物质生产系统的影响；最重大的莫过于对人类社会结构的影响；前者是经济和物质上的，后者是社会政治文化上。按照马克思原理，生产力影响上层建筑，物质决定意识，我们必须先对元宇宙虚拟生存的消费、生产和市场有所理解，才能进而辨析次要领域的变革。

人类自诞生之日起，就不断地为了生存而自我挣扎和不断进化。正是这种达尔文主义下的自然淘汰法则，使得人类成为地球上的万物之灵和食物链顶端生物。与其他生物相比，人类的力量、速度、敏捷等生物特性都只是一般；亦没有坚硬的外壳、厚实的皮肤；没有飞翔能力；没有毒液……自然界中，人类唯一的“武器”是智力。人类的智力高于任何地球上的其他生命，却不得不使用这个“武器”去保护自身弱不禁风的生物特征。这是一种矛盾，矛盾的发展演变出了当今复杂的人类社会。从这个意义上说，人类社会、都市结构是对抗自然的结果，而非顺从[①]。

---

① 综合来源。来源一：EurekAlert，《PNAS：新研究否定了古代动物骨头上的屠宰痕迹》，http://www.bioon.com/biology/Ecology/464222.shtml，2010-11-16。来源二：https://en.wikipedia.org/wiki/Stone_tool。

人类为了脆弱的肉体安全而不得不与自然对抗，并在智力和经验的指导下发展出了简单工具，再逐渐变革为复杂工具，其中，人类对物理的抽象理论，即智力和思考能力也在起作用。这个过程渗透着生产力的变化，也是工具效用的叠加和几何放大。这种工具之间的互动建立了复杂的人类科技体系，而科技本身又促进了人类自身逐步对肉体的脱离。这对矛盾，以波兹曼的说法是“会话”的一种，尤其是人类自身的会话。它在象征意义上代表了错综的社会关系的变革，在表达着人类进化的内向互动实质。以马克思的观点，生产力是一切社会演进的推动力，但当我们以直白的方式去解读人类的进化史、以人类个体考察人类群体时，生产力本身的升级似乎并不能说是人类的有意识行为，只是一种基于本能的结果——这种本能来源于人类脆弱的生物性。那么，作为具有智力的人类，在发展的最终阶段摆脱人类的生物性，似乎是一切问题的中心。

第一，现实生存作为人类的习惯之一，和生产、消费的关系并不复杂，大量的物质消费为人类的生物性所驱使而促进的生产力发展主导着一切。即使是精神产品，如书籍、电视、电影、游戏、音乐等，它们对人类的意义也并不能脱离物质基础，我们在阅读、享受影视、美术等所获得的欣喜、忧伤、感悟等一切感情和感觉，也是受人脑中所分泌的化学物质的刺激，或思考这种脑部“运动”带来的多巴胺释放的快感。物质产品和精神产品的唯一区别，在于生产者是否能获得类似的快感。精神产品的生产者，我们称之为艺术家、文学家、美术家；他们的生产过程也是内在对话的过程，是他们对世界的认识的再现，我们常说“表达的快感”意味着精神产品在生产过程也即表达时也会促进作者的自我激励；而物质产品的生产者则不具备这种特征，物质产品的规范性抹去了生产带来的快感，取而代之的是机械重复劳动。对于现实生存的人类而言，不论是物质生产还是精神生产，都是对肉体的迎合。

第二，在不完全的元宇宙虚拟生存阶段，人类对物质生活的依赖程度逐渐降低。这并非人类主动追求的直接结果，而是人类进化自身的直接结果。人类进化自身的需求来自几个方面：一是免除疾病，如躯干、器官失能和衰竭，为延长生命或提高生活质量而不得不以机械代替身体的某一部分；二是更发达的身体功能的追求，如对智能化连接物联网、连接数字环境的需求，为了生活的便利性，人们开始在身体内植入各种芯片设备；三是追求永生的少部分人——毕竟从技术上看，生物躯体保持永生的前景比起机械替代更为遥遥无期。从已经发生的人造器官事实来看，人类实现从部分躯干、器官的机械电子替代到完全机械电子化，已经是正在缓慢发生的现实。但未来唯一无法确定的是，人脑是否可以完全机械化、电子化和数字化。这里需要探讨的是，在人脑被替代之前，人类如果不再那么依赖生物躯干和器官生活，将对我们的经济和生产有何影响?

经济生产构成了当今社会的绝大部分活动基础，我们称为“劳动”，这也是大部分人个体生存的来源。人们在复杂的社会结构中进行了精细分工，以自己的服务和产品与他人进行交换，获得经济来源，最终通过货币形式与他人交换服务和产品。这一切的问题都是因人类需要基本的食物、衣服和住所。但衣物和住所的性质在原始人角度看来并非生存必需，而是生活质量提高因素；只有食物才是生存不可或缺之物。人的基本生存条件即人的肉体的活动的维持，是人的生物性决定的。部分实现虚拟生存的人类，根据其器官的替代程度，有可能并不需要进食，但需要能源和机械设备（零部件）以及维护性的工具、消耗品（润滑油脂），以及营养剂以维持脑部的生物运转（在脑部未能替代的前提下）。也就是说，人类对食物的需求会发生削减，即使只是部分取代躯体和器官，其也或多或少地减少了身体生物性带来的食物（生物能量）需求。直接受到影响的当然是农业和食品行业。从另一方面看，人类的食物支出在生活总支出中的比例即恩格尔系数将大为下降。恩格尔系数是公认的衡量一个国家发达程度的指标，也是人类作为社会整体进化的标志之一。因此半虚拟生存事实上也顺应着人类社会发展的一般经济原则，这不能简单地称为巧合，而应视作人类发展的必然规律在不同领域的相遇交叉。

在人类社会从现实生存向不完全虚拟生存过渡阶段，食品产业链和农业产业链的生产力只能向工业迁移。理由是虚拟生存的生活方式使人类对食物和农业的需求量减少，对机械和工业的需求量增加。由于虚拟生存需要可靠的网络连接和硬件设备，信息基础设施大量建设、虚拟生存所需容器的存储场所扩张，都将引起对工业产品需求的扩大。具体到特定行业将有所不同。

食品行业

如前所述，生物性食物需求下降，包括种植、养殖、捕捞、农产品深加工等产业链会出现萎缩。部分生产力转移，农民转入服务行业，农业土地退耕还林，森林覆盖率增加，野生生物种群得到一定程度恢复。在不完全虚拟生存阶段，维持人类剩余生物性的食品功能变得单一化。

房地产行业

对部分虚拟个体而言，物理存在仍然不可避免，不完全虚拟生存决定了人脑和其他非生物身体的空间占用具有物理特征。这种特征影响着个体对存在场所有不同需求。但与现实生存对房地产物业的追求不同，这种需求对舒适性和心理价值有所降低。人的生物物理特征是个体差异不大、外形特征相对统一，这可以带来批量式和标准化的房地产产品，但不完全虚拟生存下，人的个体特征多样化、不规则，会给房地产产品的标准化生产带来挑战。

在完全虚拟生存阶段，根据“容器”特点，房地产行业和仓储业混合态势增长。这里的仓储业不是简单的仓库物流，而是数据中心概念，更侧重于硬件安全、网络可连通性等。对于元宇宙虚拟生存个体而言，多个备份和容器的安全必须优先考虑，仓储需符合一定的建筑和信息化标准，这是虚拟生存的物质基础。但纯数字化生存个体所占用的空间相对生物体不需占用太大空间，这在一定程度上降低了房地产的需求。基础设施建设的地理位置不再局限于城市，日常的城市中心概念逐渐淡化。通常城市中心的房地产价格较高，这得益于交通便利和商业聚集效应。在虚拟生存状态下，“遥在”令交通变得不那么重要，商业需求也仅限于非虚拟生存个体，这削减了城市中心的传统必要性。无线互联网、太阳能等多种发电技术也在分散基础设施建设的压力，更为零散的地理分布成为可能，这也使房地产产品不再成为刚性需求。只要有一定的经济和资源，虚拟生存是全球性、无定所的存在。

服装鞋帽、时尚行业

不完全虚拟生存个体所需的外在形象仍然需要个性化。实质上，这种个性化的要求大大提升了。因虚拟生存为个人的形象提供了极大的不确定性，人可以选择不同的外在形态进行生存。商业提供的个人日常消费，如服装、个人护理等产品侧重点可能发生一定的变化。我们今天所看到的服装鞋帽在未来可能有更为不同的形态。元宇宙虚拟生存可以对外形进行各种自定义，其中涉及的是美学和设计，即人工劳动。其需求仍然存在，装饰和时尚产业与工业设计进行融合。

交通运输行业

部分虚拟生存个体受制于脑部的不可复制特性，必须在物理转移上依赖现实的交通运输来切换地理空间位置。但这种切换的意义下降了，因为通过虚拟生存个体和现实世界的数字化互动，不完全的虚拟生存个体也可以通过网络和计算机对现实世界的其他事务进行处理和干涉，物理移动变得不那么必需。对于完全的虚拟生存个体而言，物理移动就更不必要了。因为虚拟生存个体没有传统的“固定居所”的概念，他生存于元宇宙中，可以有多个自身的备份，多个备份之间可以作为一个整体进行协作，也可以远程调用、遥控物理世界；其没有物理空间的概念，虽然生存的主体仍然属于信息主体，物理上需要电力、网络和计算机的支持，但这种生存并非单一计算机上的程序，而是多元化多维度的网络化存在，现实生活中我们不能说“他存在于世界上”，而只能说“他在401 房间”。但元宇宙改变了这个概念。元宇宙是对物质世界的一种映射，交通的必要性将被削减。

能源和矿产行业

能源和矿产可能是在元宇宙世界下唯一可以保证属于正增长的行业。人类的元宇宙生存，无论是不完全的虚拟状态还是纯虚拟状态，都需要大量的机械、电子装置和相关的配套基础设施。这一切加大了人类对能源和矿产行业的消耗，促使其价格上升和行业繁荣。元宇宙生存提出了两个概念，一是互联网的流量消耗，二是互联网的能量消耗（电力）。虽然网络流量有峰谷状态，不会瞬间到达饱和，但总体而言，这次从 20 世纪末开始的信息爆炸，最终会体现在现实世界的基础设施之上。因此，能源和矿产行业作为基础设施建设的上游产业必然具有更大的发展空间。

文体和娱乐行业

文化产品属于精神产品本质，元宇宙消解的是人的物质部分的现实，而创建了一个更大的信息现实。虽然信息不等于精神，但两者的无形无质化具有相似性。精神和信息的区别在于，精神产品表达人的思维、观点和意见，使传播中的受者获得精神的愉悦或体验，作为人类之间的一种高层次的信息交换存在，具有显性或潜在的价值观。信息产品表达物质世界的客观事实，是一种基础的东西的综合，一种概念化的存在，不具有价值观，其作用是人与外界互动的依据。文化产品的精神属性是不可避免的，因其本质目标是与他人互动。在元宇宙中，文化产品内容不会变化，表达的是思想这样的无形无质物，形式与现实世界中的文化产品有天壤之别。例如，我们现在所说的一本书，其本质是印刷有文字的纸张集合。元宇宙将精神部分抽离物质实体，转化为数字和电信号、光信号、磁道记录等表达形式，原来的文化产品所具有而且必备的物质形式不再适用，但文化本身携带的精神不受影响。这种形式上的取代，也会影响到人们对精神产品的接受和理解，但精神信息本身仍是客观和理性的。存在和本质不是同一个概念，文化产品的存在消失了，而其本质即人类思想成果，仍然以其他形式存在。文化产品的流通并不完全是商业性的，也有传播思想的主观需要。

元宇宙世界的文化产品生产只会更丰富多样，而不会少于现实，因为技术的发达，人类思想更容易传播和扩散。与传统不同的是，今天即使是只言片语，一旦其“击中”了受众的需求，便可以大规模传播。微博这样的碎片化传播说明了这一事实。相对于文字出版物，文艺表演需要借助人的躯体来实现感情的传达和戏剧化事件。即使是部分虚拟化的个体，在文艺表演中，个体的特征也会导致受众注意力的偏移，这对于作为一个整体的传统艺术形式是一种损害；舞蹈、歌剧、相声、杂技等形式，如果由部分虚拟化的个体进行表演，除非其内容表达的是与虚拟现实有关的内容，否则对于传统的内容可能效果不佳；更进一步的是，纯数字化生存下无法进行文艺表演——涉及舞台表演的艺术形式可能会消失。

至于影视行业，在元宇宙环境下，最主要的特征是沉浸式影视，即受众置身于影视所描述的现场，对事件进行体验。影视之间的技术界限消失。在网络化前提下，电影院将成为历史，虚拟生存方式使人们不必物理移动到特定场所便能接收高质量的电影娱乐。

电子游戏行业在元宇宙环境下将成为主要的娱乐方式。沉浸式体验和网络受众之间的互动使得电子游戏的娱乐性和趣味性要强于单向传播的电视和电影，也就是更容易成瘾、更具有刺激性。电子游戏相对于影视，其构筑的互动空间等于另一个世界。但在虚拟生存环境下，体验电子游戏似乎与虚拟生存逐渐不可分离。虚拟生存的一个重要内容是体验不同的生活和生存方式，这与电子游戏的实质几乎完全一致。电子游戏可以模拟现实的一切，也可以构筑想象世界。不过，强烈的体验并不适合每一个人（生理眩晕、心理舒适不同等），这也许是其他娱乐媒体的唯一机会。

医药与健康行业

由于生物性人体躯干和器官逐步被取代，虚拟生活的比例不断增加，这将直接影响传统的医药和健康行业。未来医药和健康行业的重点由生物领域转为机电和新材料等领域——降低虚拟生存设备的成本、增强其功能、延长其使用寿命将成为新的增长点。在不完全虚拟化阶段，人脑仍然需要生物治疗，以维持其生物寿命；但如此一来，传统的医药领域除了在非虚拟生存个体中存在，其在虚拟生存个体中的经济度量将被压缩到较小的市场规模。生物领域本身的发展，也可能给人类的躯干和器官带来寿命的增加，但从目前的进度来看，其发展速度还比不上机械和电子的替代进展；而机械和电子设备的寿命、可替代性、替代方式、强化可能等都优于生物替代，机械的唯一不足可能在于视觉效果不如生物体自然。总体而言，传统的医药与健康行业份额将下降，转移到机械电子和机器人等工业市场。

信息基础设施行业

信息基础设施在未来承担着前所未有的重要角色。无论是互联网、人工智能、虚拟现实，都以此为基础运行。信息基础设施包括全球的网络连接，例如海底电缆、主干通信光缆，无线信号发射器、中继基站等。这些基础设施的建设现在已经逐步完善，但在未来的元宇宙环境下，其信息量将不可避免地迎来几何级增加。信息基础设施的增长同样可预见。当前，信息基础设施以国家为区域进行建设，在国际则共同建设。未来的增量工程可能带来通信运营商之间的并购和合并，这个领域可能出现巨大的垄断，因为其涉及的资金并非中小企业所能承担。这种趋势带来的通信风险也在增加，即信息辛迪加。在元宇宙世界背景下，对信息基础设施进行操控将具有毁灭性的威慑力。可以做一个类比，现实世界存在于地球这个容器上，地球的不稳定，即地质灾害和自然风险，可导致现实世界的动荡和损失；元宇宙即存在于人类所制造的信息基础设施之上，信息基础设施的不稳定性，可导致元宇宙的不稳定甚至毁灭。人类对自身所存在的世界可以不断改善和提升，甚至扬弃。面临地球资源枯竭的风险，人类可能寻找新的宜居星球甚至制造人工卫星来延续种族；而对元宇宙的生命延续，则建立在对信息基础设施的改善和稳固基础上。

贸易、商业和零售行业

对于未完成虚拟生存的个体，贸易、商业和零售行业仍然与今天没有太大差别。虚拟生存带来的经济规模不会小，而是在结构上发生改变。贸易的内容、零售的内容更多地倾向于虚拟生存所需物质。此外，虚拟社区内的贸易、商业和零售将成为元宇宙中的流通渠道。不过，在外在形式上，元宇宙的商业不再基于房地产物业，而是信息界面和广告。商业和零售业以人的生活必需品和日常消费品为核心，在人的生物性发生改变后，人的生活必需品和日常消费品也有所不同，将直接反映到贸易内容上。例如食品在零售业的货物结构中的比例会降低，取而代之的是工业用消耗品，如机体的维护用品、线材、备品等；服装的比例也会降低，装饰性工艺品更为多样化，以适合虚拟生存的不同个体。通信工具对于虚拟个体而言已经整合在元宇宙中。对于生物性减低的虚拟个体而言，食品和药品的区别将消失，统一为工业用品、电气用品等。生物性的消失并非人类人性的消失，只是人的数字化，而数字化的基础是物质和技术。从商品的丰富性比较，我们今天的商品种类可能要多于元宇宙的物质商品种类，但少于元宇宙的数字商品种类。也就是说，人类生活中的很多商品种类在未来将转移和变形为虚拟商品，在元宇宙市场中供虚拟生存个体购买和消费；而虚拟个体在现实生存中所需的物质商品种类将趋向单一化。对现实生存者而言，他们在未来的现实世界中所能购买的商品种类也因为人类的生存空间转移而变得不如今天丰富——由现实市场规模的缩减、现实人口减少所导致。

餐饮、旅游和酒店行业

生存方式的变化也影响到服务业，首当其冲的即为餐饮、旅游和酒店行业。餐饮业需求下降，虚拟生存对生物成分的弱化，导致的是以虚拟生存为生活主要内容但仍保留完整人类生物性的生存方式、仅剩脑部的虚拟生存模式和纯数字化的生存方式三种循序渐进的过程。前两者的相同之处在于人类仍用脑部感受欲望和快感。两者对于餐饮的需求受到脑部需求的制约，仍保留着除温饱之外对食物的欲望。这种欲望不仅能通过饮食来满足，还能通过虚拟设备对脑垂体的刺激直接满足，因此，虚拟食物即信息化食物将成为主要的满足食欲的方式。这无疑降低了传统餐饮的需求。传统餐饮可能仍占有较大的市场，但需求曲线呈现下降趋势。

旅游业作为满足人类精神需求的重要产业，在元宇宙中也会受到冲击。元宇宙中对于旅游景点的模拟，虽然不能达到完美，但其逐渐完善并避免了大额旅游支出，避免了交通和旅游人身意外等，仍然会取代一部分旅游市场，因此旅游市场也是总体下降的。

金融行业

金融以货币为核心，货币流通物作为人类经济社会发展的历史产物，在元宇宙世界中将产生形式变化，但本质不会改变。从货币的中介属性来说，如果没有中介物（或标准），只能进行物物交换；而物物交换的效率很低，必须买卖双方取得协商一致。当标的物的属性特征客观或主观无法被衡量时，物物交换则无法成立。因此，只要存在经济体，则必须存在中介交换物。当前的数字货币即可视为元宇宙中的通用流通物之一。但问题在于，当前的虚拟货币目的在于规避风险，具有匿名性，与现实世界中的政府管理发行货币存在重大差别。以竞争观点看来，资源的稀缺性永远存在，元宇宙世界也是一样——例如对现实基础设施的争夺——毕竟现实物质基础依然制约着虚拟生存。现实中国家之间体现了种族或民族组织对有限资源的争夺，资源的有限决定了国家的界限在短期内不能被打破。元宇宙的去中心化同样体现在经济上。虚拟货币不是基于某一政治或民族组织的，而是一种算法，即一串通过算法得到的字符串来表示对货币的拥有权，一旦硬件丢失、损毁，或软件字符串信息丢失、被抹除，则意味着财产的损失。也就是说，虚拟经济中的货币是基于信息的，而信息必须存在于硬件和软件之上，这种货币对经济的影响并非在于其形式——我们当前的金融信息化实质上也是货币的去实物过程——而在于其去国家化、去政治化、去监管化。学者们对虚拟货币的担忧是其会成为非法收入的温床。理论上，虚拟经济不会因为某种虚拟货币的崩溃而崩溃，因为去国家化的特征使得风险被分散。虚拟货币的种类也可以无限多，只要变换一种算法即可。

现实世界所经历的大型金融灾难，例如 2008 年的金融危机，本质是金融衍生产品的复杂导致风险的积累和不可控达到了一个临界点而产生的连锁反应。元宇宙中，资源的有限性导致个体财富的不均仍然和现实世界一样，因此，基于金融衍生品的投资依然会存在，甚至会更复杂和更自动化、智能化。由于纯粹的金融盈利大部分为零和游戏，即相应的盈利对应相应的亏损，这将促进人工智能和金融领域的紧密结合，智能程度高的投资收益将胜出，信息化和智能化介入金融领域的程度加深，虚拟个体的投资决策和执行更加迅速，市场更为敏捷、多变和难以预测。

教育行业

元宇宙社会中的文化和知识传承似乎更为便捷。虽然今天人类之间的教育和受教育方式不再局限于口头教诲、印刷文本教育、电视大众文化引导、互联网文化渗透等形式，但其效率低，受教育者习得过程慢。原因皆集中于人的“生物体”局限上。无论以上述何种方式接受教育，人类必须通过五官等生物感应器获取信息，再将这些感应器获取的不同的视、听、触觉信息进行理解、内化，最终形成记忆固化在大脑中，成为受教育者意识的一部分、逻辑的一部分。在习得知识后，个体对知识的理解已经内化为行动倾向，会体现为一个人的言行举止、对事物的反应等方面。这个过程需要编码、译码等一系列人体内在“运算”（实质上是一系列生物过程），这个过程延缓了知识内化为逻辑意识的过程，因为人类通过生物器官感应到的外界声光等信息无法瞬间完成。通俗地说，即使一句话也至少需要人类短暂的哪怕是几毫秒的时间去反应和理解，更何况一本书、一部电影这样的媒介形式，其对人类的“运算”能力和过程是占用相当大的，反映到时间上便是几小时、几个月甚至更长。我们不妨用电脑处理器（CPU）来类比大脑。众所周知，电脑处理器的速度是越来越快，今天的个人电脑处理数据的速度，可能比 20 世纪 80 年代的个人电脑要快上几百上千倍，而且这一速度还在增长。电脑接收信息，计算并处理信息，然后输出信息，输出的信息可以看作电脑已经“内化”为电脑自身的结构化知识。处理器越快，电脑完成“知识内化”的过程越快。人脑也有其运算和处理的极限，不同的人也有差异，如有的人看完并记住一本书的时间可能远远快于另一个人，有的人的智商高于别人，这些都可以看作大脑的处理能力的差异。这种能力的差异决定了学习能力的差异，也就是信息转化为知识的“内化”过程的差距。先天的大脑差异很难被改变，再加上个体努力的程度不同，以及大脑生长快慢等先天后天因素，都可能导致个体的受教育能力出现差异。

元宇宙的教育，实质是信息转移的过程，其跨越了编码、译码阶段，直接以结构化的信息在个体之间传播。这种结构化的信息，由于个体之间的虚拟性，其内化为知识的过程比传统教育大大缩短了。虚拟个体的受教育过程是基于元宇宙系统的，属于系统内传播，效率比跨媒体、跨介质、跨载具的传播速度高得多。通俗地说，如果一本教科书在传统的教育方式下需要 50 小时阅读并理解完，同样的信息量在元宇宙个体之间传播只需一瞬间。这里可能引起质疑的是，元宇宙个体之间的信息传播是否达成了对信息内容的理解和内化？答案是肯定的。虚拟生存个体以机械硬件为基础，与人以生物硬件为基础只是物质构成的区别，意识和思维都是基于“硬件”的“软件”和“信息”。虚拟个体自身是将生物学意义的人转变为机械和电子化的人，对信息的理解是虚拟个体存在的基础前提。这种理解是硬件、软件与经验记忆共同作用的结果。如果说虚拟个体与现实个体的最大区别，那就是运算能力的提升。人的生物运算能力经过进化，已经到达了一个“瓶颈”；而机械电子运算能力还在不断提高，而随着材料科学的进步，基于硅材料的集成电路也将被更大规模信息容量的新材料取代，带来的机械和电子处理器的计算能力的提升将是无可估量的。需要强调的是，元宇宙中的个体，无论是运算还是记忆能力都大大强于生物个体。这种运算和记忆能力的提高体现在对信息的接受量、接受速度和理解速度上。

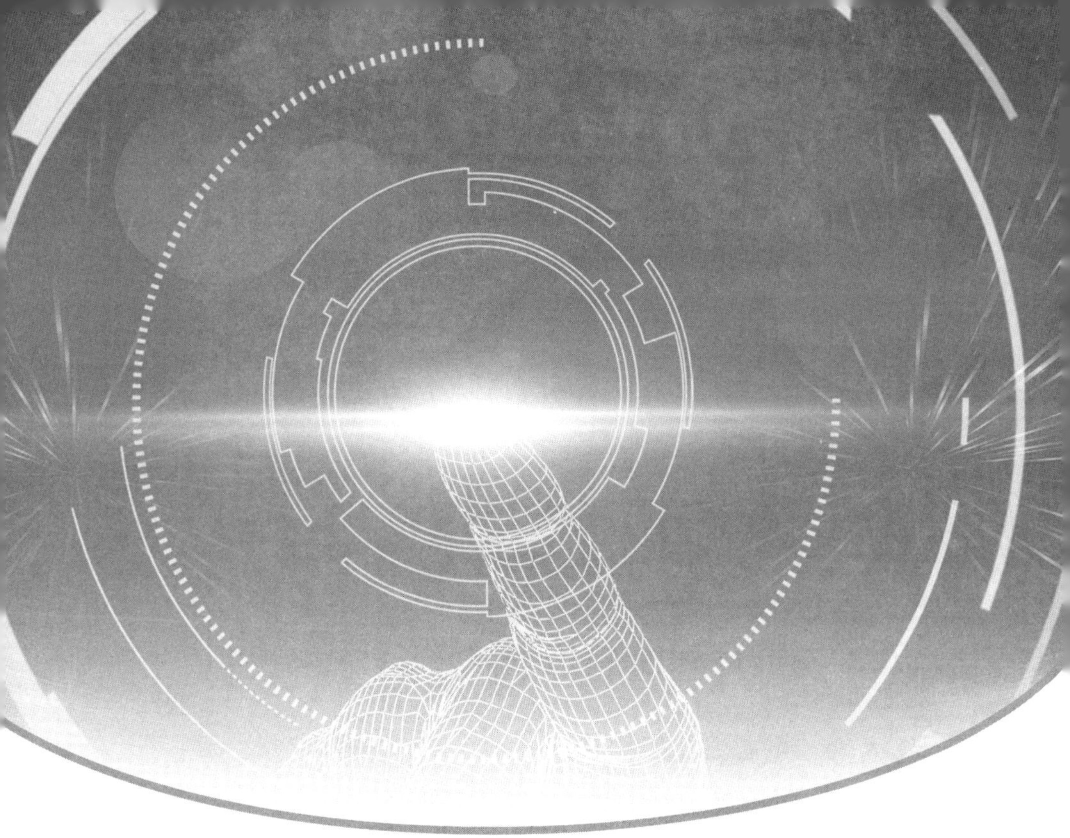

第二部分

元宇宙和大众传媒

元宇宙是一场传媒革命

媒体和大众媒体不同。传播学中所称的大众媒体是指向普通多数人传播信息、新闻、娱乐等的公众工具，而且这个概念随着时代的发展也在不断地变化着。它主要包括四大传统媒体和一个新媒体，即报纸、杂志、广播、电视和互联网。

所谓大众媒体，它的定义标准一直在变化。在古代，一份阅读量可能只有几百、几千人的报纸即可称为大众传媒；在现代，这样的标准只能称为小众。大众的标准——以当前的受众数量看，至少应以万计。这是社会环境的变化和技术推动带来的变革，例如人口的增加、电子传播手段的出现。元宇宙作为一种革命性的、可以最大限度将人类的想象力化为真实世界的技术，其对媒体的影响也将是革命性的。

变革一：形态

在现代，一般认为大众媒体主要有报纸、杂志、广播、电视、互联网五种。这五种大众媒体在人类历史上作为陆续出现的媒介，各有不同的优势和特征，它们并不能取代彼此，而是一种互补的关系。报纸的优势在于阅读的可主动选择性、阅读舒适性、携带便利、价格低廉、信息真实、准确快捷；杂志的优势在于印刷精美、专业性强；广播的优势在于受众在信息接收的同时可进行其他活动；电视的优势在于冲击力和生动；互联网的优势在于海量信息、互动等。在元宇宙的空间中，这些有形的媒介将消失，取而代之的是无形的媒体，但这种媒体在人的感觉世界中仍然可以维持形状，即通过数字模拟的方式存在。在现实生活中，元宇宙并不能完全取代传统的大众媒体，元宇宙作为独立于现实世界的另一个系统，其无形特征是基于有形的硬件基础设施的。这种二元的存在，使传统的大众媒体在现实生活中与元宇宙的虚拟空间相分离，大众媒体仍然是重要的信息来源，并与元宇宙进行信息交换。因此，我们谈论大众媒体的形态变化，应该是在元宇宙中的形态变化。

作为一种直观的表现，媒介在元宇宙中有两种倾向，一是无形化，二是可变形，完全取决于其功能需要和传播目的。这一切都基于电子和数据信息构成的虚拟环境。无形化是伴随人的虚拟生存而来的，虚拟个体的信息化带来的就是无形化和可变形。我们将元宇宙作为一个完整的系统来看，这是一个巨大的媒体，在系统中的任何个体都可以随时随地接收系统发出的信息，无论信息的内容是新闻、娱乐或宣传，具有系统最高权限的人，就可以做到这一点。同时，系统内的某些虚拟生存个体具备把关人的作用①，在得到其他受众许可的前提下，可以向他们传递经过编辑、过滤的内容，这些有一定公信力的把关人，可被看作信息流动的较大的节点。不过，即使是不具备公信力的虚拟个体，也可以互相交换信息，如家庭成员之间、特定兴趣社群之间，这是基于社会交往和人际关系交换的信息流，其数量是最多的。这样的一种由系统总体、主要节点、独立个体构成的网络结构，是元宇宙社会中的信息结构，与现实社会一致。但在媒介形态上，即信息流动的物理渠道上，元宇宙社会中任何两个节点间的信息都是瞬间即达的。这种无形化基于电子数据信息流，无须介质传递。媒介形态受到信息的生动性、信息容量大小、便携性几个因素的交叉制约。例如，相对于报纸，书籍不便携，但信息量更大；电视不如书籍便携，但其信息更生动直观；互联网在初期也不具

① 基于分工，而非基于传播能力差异。

备便携性，但信息量和信息生动性都极高；随着技术进步，互联网终端的多样化又赋予了互联网便携性的特征，而且可以在其中复现其他媒体。形态给媒体带来的是制约，这种制约又是由人的肉体限度（人体工学）决定的。例如，智能手机作为一种媒介，其屏幕大小一旦超过5英寸，则在操作便利方面会受到影响，无法单手操作。元宇宙中媒体形态消失是媒体还原本质的表现，与人进入虚拟生存状态同步。

不过，在特定的情形下，元宇宙中的媒介可以模拟现实，即在虚拟环境中还原现实中的媒介，或创造新的媒介。

变革二：速度和广度

媒介传播信息的速度与人类生产力的发展成正比。古代的竹简、书籍、简报只能由人工抄写复制，由人力和马匹进行传送，雕版、活字印刷增加了抄写复制的效率；以蒸汽机改良为技术标志的工业革命则以机器大规模复制、交通工具运输提高信息传播速度；电气时代无线电报通信触摸到了信息传播速度的极限，在距离上也突破了以往，但在单次传播的信息量、成本上仍受到限制；以信息产业为代表的第三次工业革命则为媒体和信息传输从根本上突破了这种限制，无论是速度、距离还是成本，皆如此。个人电脑和互联网的普及，使得海量信息的传输在瞬息即可完成，但在编码、解码上仍然采用传统的形式，例如语音、文字、图像等。今天的信息传播瓶颈在人类自身，虽然可以“获得”海量信息，但无法立刻“理解”，这是人脑运算水平的瓶颈。

元宇宙个体之间的信息传播速度不仅由于其采取了网络式的数字化和电子信息传播，更重要的变革是“理解”层次的速度大大提高。元宇宙个体之间对信息的结构化处理过程是相同的，信息的传输过程就是信息被理解的过程，取得共识的时间缩短到信息传输完毕的瞬间。这样的信息在语义的清晰度上也是明确的、无误区、无歧义的。从技术角度上说，我们可以想象为不同计算机之间的数据传输和理解。在不同计算机之间传播的数据其实也经历了编码、译码的步骤，在计算机层面的信息“获得”可以用存储来表示，即信息在接收方的硬盘或内存中成为一个完整的数据包；但这时计算机尚未“理解”这个数据包的含义、功能和作用；计算机必须调用自身的相对应软件——例如对于网页请求调用浏览器、对于渲染请求调用视频编辑软件——来完成对数据的“解读”并做出相应处理。虚拟生存个体之间的信息传播和理解是基于计算机的，但又不能完全用计算机来代表。如果将计算机之间的数据交换直接等同于虚拟生存个体之间的信息传播，就忽视了虚拟生存个体的主观能动性。计算机对发送来的数据只能有限地选择执行或不执行，而元宇宙中，以人类为主体的虚拟生存对象可以加入感性因素。虽然不同的虚拟生存个体对同一信息的理解都是一致的，但在如何处理这个信息的选择上，虚拟生存者是完全自主的，属于个人行为，有不可预测性。

元宇宙传播的距离和广度取决于元宇宙互联网络延伸的物理距离。元宇宙中信息的传播基于计算机生成的信息环境，类似于“计算机和网络”，单个的虚拟环境是独立系统，而“计算机和网络”是许多的独立系统，不同系统之间的信息传播需要“协议”进行编码和译码。元宇宙中的传播是发生在独立的信息环境之中的，这一点与当下的全球互联网体系有区别，虽然它们均属于电子传播，但前者是以虚拟环境中现有的信息为基础进行传播，后者是以计算机和网络为物质基础进行传播。元宇宙传播的距离是后于物理连接的。元宇宙传播的可及距离与物理连接下的计算机网络是一样的，但速度更快，因为无须跨系统编码和解码。这是考虑元宇宙传播和真实世界传播的关系而做出的判断。如果仅考虑元宇宙传播，在虚拟空间中物理距离实际上并不存在，要表达距离的概念，仅需通过“时间”度量。在这种前提下，元宇宙传播的距离是真正的脱离物理连接，无远弗届；从信息传播的广度上看，元宇宙传播覆盖的范围——在获得许可的前提下——可以精确到每一个虚拟生存个体。这在现实世界的媒体是不可能实现的。

变革三：权限和慢需求

大众媒体的演变是迭代，而非取代。新的大众媒体并不会排除旧媒介，而是和旧媒介并存。这是由于每种媒介都有其不可取代的优势，如纸质媒介携带方便，利于视觉阅读，不易疲劳，信息可靠，较权威。同时，每一种媒介产业体量巨大，早已形成固定的受众习惯和产业链，即使有新型媒体相竞争，旧媒体在短时间内也不会消失，而是转型。例如，音乐随身听这种电子产品在 MP4、手机出现前，是一种重要的个人娱乐工具，流行范围极广，几乎人手一台。随着技术发展，其由磁带式进化为电子式，随后又被 MP4 和手机所取代，但通过强调音质的专业化，它仍然在市场上生存，不过由大众产品变为小众产品。媒介迭代可以保证人类传播的延续性和稳定性，不至于出现信息的波动和灭失。

元宇宙作为一个媒介环境，同时本身也是一种媒介，虽然在其内部传播中具备了最终媒介的特征，但它并不会导致真实世界媒介的消失。元宇宙传播与其他媒体并存于真实生活。元宇宙中的传播，在速度上已经达到最大，在广度上也是对系统的 100% 覆盖。虚拟生存个体的信息传播速度需求已经得到满足，但在信息的质量上，由于内容与媒体属性无关，仍表现为存在个体差异。这种个体差异体现为在信息获取能力上的差距，即信息权限差别。信息获取能力差异在现实中表现为主体的知识经验、所拥有的技术工具的不同。这种差异在元宇宙中转换为信息化工具的不同，对不同的信息化工具的权限，决定了对信息获取的差异。权限可由付出经济成本获取，也可以由不同的社会分工和角色规定赋予。至于知识和经验等则是由个体自行积累，但由于信息传播和共享的便利，知识和经验在元宇宙中的差距缩小，不同个体可以轻松快捷地共享信息，而且这种知识和经验具备可复制性，与直接经验无异，不存在传播障碍和沟通缺陷。

慢需求是产生于虚拟性的“快”的极限的反面需求，元宇宙中，“传播即到达”的特性是一种速度的极限。由于人有精神需求，因此人在元宇宙中需要部分地模拟真实社会的生活方式，否则就会陷入永不停止的高速信息陷阱，如同滚动的雪球一般无法停止。因此，大众媒介在元宇宙中根据生存主体的需要，有意识地放慢信息传播的速度，是元宇宙传播中的一种独特现象，其根本意义是使人避免被信息所奴役。

变革四：功能

元宇宙中的媒体主要有以下五项功能。

1. 监测社会环境

人类生存的一个基本原则是追求自身利益的最大化，这是人不可避免的生物性的一部分。具体而言，即衣、食、住、行等物质追求以及精神生活的满足。为了满足自身需求，人必须保持对环境的了解，以此决策行为。社会环境的变动通过信息表达，包括自然信息（如灾害）、经济信息（如物价涨跌）、政治信息（如战乱）、人际信息（如亲情、友情、爱情）等，但人的视觉、听觉和四肢功能都是极其有限的，在没有任何辅助工具的情况下，会像原始人一样，只能掌握自己周边的信息。媒介作为人的客观能动性的表现，也即工具之一，有效地延伸了人类获取信息的能力。这种能力在上述的社会环境中起到监测和告知的作用，有效地使每个人的信息能力提升，随时可做出利益最大化的决策。

元宇宙中的媒介仍然起到监测的作用。这种作用的本质仍然是保障人的生存和个体利益，但性质和侧重有所区别。元宇宙中对物质的需求下降，对安全和精神的需求提升。媒介在传递信息时更偏重于社会环境中有关这些方面的信息。元宇宙中几乎不存在脱离群体的人，因为每个人在虚拟社会中存在的前提是主动联入，这种主动性是群体互动的一种。但不排除有专注于与人工智能进行心智交流的虚拟存在，正如选择人造玩偶作为婚姻和爱情对象的极少数现代人一样。对于虚拟环境的需求使得元宇宙中的媒介对虚拟生存个体来说其作用更为重要，虚拟生存的信息环境的变化也即虚拟社会的变化，直接作用于虚拟生存的质量和个体利益。个体无法放弃对媒体的需求，尽管这种媒体可能是权限的外在形式。虚拟生存个体无法通过媒体获得信息，就失去其虚拟生存的意义。“传播即到达”是理想状态，以及基本的信息保障。但并非每个虚拟生存者都能对每个信息的传播进行同步接收，存在权限和信息获取能力差别。这种差别的具体形式就是虚拟媒体。在信息化环境中，虚拟媒体的形式可以千变万化，但本质上是不同权限的表现。在元宇宙中，不同形态的媒介是不同的虚拟生存个体根据自身权限获得不同信息的渠道。

2. 协调社会关系

在现代社会，社会关系复杂程度在增加。社会关系涉及不同阶层、社群、圈子、个人之间的利益调和，大众媒体作为社会关系的公共平台，类似居间人的角色，为不同社会利益之间的意见提供表达渠道，起到促进相互理解、取得共识的调节作用。如果没有大众媒体，不同社会关系的群体很少会主动去了解其他群体的诉求，而一味注重自身利益的维护，可能引起群体之间的冲突。协调社会关系是非政府的，也是非个人的事务，同时也不具备经济上的可营利特征，其任务又非常重要，可以说，除大众媒体外，并无其他“公众”途径对此进行救济，大众媒体的重大公益性可见一斑。

元宇宙中的大众媒体，虽然其形式是多样的、不定的，但都作为大部分虚拟生存者的主要信息来源。虚拟生存者在现实生活中的物质利益冲突，由传统的媒体调节，也可以由元宇宙的媒体调节。虚拟社群的利益，也是如此。作为两种交叉的生存领域，媒体的影响也是交叉的。对媒体的控制力的强弱仍然会影响群体利益的大小。群体对媒体的争夺，在现实和元宇宙中并行存在。意见的交锋和共识的确定过程基本与现实相同，区别在于，元宇宙环境下的共识形成更快。这种速度主要是技术影响决定。元宇宙的个体之间的意见交换比现实传媒更快，但也可能是分裂和冲突更快。元宇宙的信息发达，超过真实现实，使得元宇宙中形成的共识或隔阂可以早于现实扩散。元宇宙将成为真实社会的意见中心。

反观当前社会舆论，互联网凭借其互动性、草根化的特征成了社会意见集合的主要媒体。互联网以前的媒体由机构主管，新闻和信息的筛选实际上带有特定预设立场的新闻和信息机构控制下的部分大众意见和精英话语场。而互联网借助其草根化和去中心化的特征，将民众的真实意见呈现在大众面前，是一种最为真实的公众舆论。元宇宙由于其传播即到达的特征和信息转述的精确性，集合意见的形成更为理性。相对于互联网传播，元宇宙媒体进一步提升了大众媒介的传播水平，它消除了互联网中的信息隔阂和个体理解差异，并以极快的速度形成共识（或导致分裂）。理论上，元宇宙中的大众媒体也是由机构媒体和具有个人影响力的自媒体构成，关键在于其公信力，带来的受众数量（影响）。

3. 传承文化

媒体记忆和传播的不仅是知识和经验，也包括人类的文明、习俗和人与人之间约定俗成的礼节和仪式、由不同地理和自然条件乃至历史进程构筑的具有群体特征的意识和精神，即文化。文化之传承，实质与人类自然繁衍一般，有其必要性。自然繁衍是从物质上保障人类的生存，文化繁衍则保障人类在精神上的连续和统一，避免人类代际、群体之间的割裂。在某种意义上，文化是人类精神和社会和谐的必需品。对于文化知识的代际传递，除了依赖人的自身即记忆和经验外，主要的物质手段便是各类媒体。媒体在传承文化上起到的作用一方面是保存过往的历史，另一方面是传播这种历史的惯性，包括以一种故事化的方式教化大众，解释其他不同人群的习俗、礼仪以及与他人关系的互动因果。人的记忆是有限的，倘若没有媒体的辅助，这种保存和传播无法实现，文化的传承必然会断裂。

元宇宙中的传媒，在存储和记忆人类文化层面上，仍是基于计算机的硬件存储装置，将文字、图像、声音等转换为数字编码，存储于特定的元器件中，需要时读取，这一点和互联网时代并无不同。但在传播人类文化层面，元宇宙可以用更为生动的、多样化的方式对人类文化的具体知识点和细节进行描摹，并使受众在一种身临其境的环境下接收这种知识。这是由于虚拟现实构筑的元宇宙可以原原本本地复现以历史和文明为背景的文化场景，使文化这一宏观的概念在具体传播过程中具象化，而不受到地理、空间、时间的限制。元宇宙的互动特征又可以使受众直接参与到过往文化重现中，加深对文化的体验，提升理解水平。

同时，元宇宙的数据精确性降低了文化传承过程中的不确定性，提高了文化传承的效率。元宇宙可以比拟为无数个虚拟生存者的大脑的共存空间，自成一闭环的信息系统。现实世界中的文化传承是在不同个人之间进行的信息交换。这一过程在元宇宙中发生的过程是系统内的虚拟生存个体之间，通过电子网络进行信息交换，其过程比任何现实世界媒介更快速。即使相对于今天的互联网，元宇宙居民信息交换过程的步骤也更少，其减少的步骤是信息从外部到人脑的这一译码阶段。因虚拟生存者的意识和思维实质上共存于元宇宙环境内，在权限许可的前提下，个体之间可以实现信息的实时互动。这种互动在语境完全“数字化统一”的情况下进行，几乎不存在传播隔阂和障碍，文化的传承达到最大的精确性和一致连续性。

影响往往是双向的。一方面，元宇宙的传播精确性使得文化隔代保存更为久远，不易“变形”；但另一方面，元宇宙的信息接受远远超过当前任何一种媒体，使得系统内信息的量更为庞大。在互联网时代人们创造了“信息爆炸”一词来形容新媒体在传播信息上对传统媒体的压倒性变革；而元宇宙环境中，虚拟生存个体对外界环境信息的触探和延伸更为广泛、深远；信息的流动更有效率；信息就是生存的环境，虚拟性导致信息的不断变化，造成了元宇宙环境的不断变化。这一切使得文化的转换更快、留存更短。如果一种文化不断地接受信息冲击，有两种可能：一是文化本身发生量变，最终导致质变；二是文化本身不变，最终被淘汰。能避免这两种情形发生的唯一可能是核心文化，即人类的核心文明和构筑人类共同体信念的本质问题。只有与此相关的文化，可能才是最终留存的本质文化。即使像国家和民族这样的概念，也可能受到元宇宙的解构。任何一种文化，都必须在一个快速变换的信息环境中接受考验，而不被小众和边缘化。这是一个寻求“文化生存”的窘境。

4. 提供娱乐

人生存过程中不可或缺的一环就是娱乐。娱乐作为人类和动物均具有的基础活动，其意义在于维护人生理和心理的平衡。在提供人类精神粮食这方面，媒体作为大众娱乐的渠道和手段，在人类的生存历史上从未断续。以书籍为媒体的小说、以电视为媒体的电视剧，到今天囊括全媒体、提供互动的互联网，都以一种工具形态发挥着其娱乐大众的重任。从几种主要娱乐媒体的发展过程来看，其符号形式为：文字—图像—声音—动画—影视—互动的进化，娱乐信息内容呈现复杂化的倾向。娱乐媒体的形态是：书籍、报纸、杂志——声音播放器（收音机）——视频播放器（电视、电影）——多媒体终端（手机、电脑）——

社交与互动（互联网），从印刷媒体向电子媒体过渡，呈现信息容量的扩大化趋势。网络在娱乐媒体中的作用是整合性的，为所有的娱乐媒体提供了社会互动功能。在网络出现以前的娱乐互动，就印刷媒体而言，它不具有瞬时性，无论是作者与读者之间，还是读者与娱乐内容所构筑的精神空间之间的互动，都是内化的、延时的；对于电波媒体而言，由于电信号的空间突破以及瞬时性，广播、电视可以借助电话等其他辅助媒介实现相对的社会互动，但只能是一对一或小范围一对多传播。娱乐媒体，加上社会互动带来更多乐趣。人机互动显然没有人人互动来得复杂。鉴于娱乐本身是模拟冒险和寻求虚拟刺激，更多的不确定性带来的肾上腺素水平必然更高。网络介入娱乐媒体后，在愉悦程度上超越了过往，更容易让人沉迷和上瘾。而元宇宙对于“媒体沉溺”的推动恐怕是更上一层楼。不仅是元宇宙的特征，即具备“沉浸性”因素，更是元宇宙营造的空间，不仅能模拟现实，更能营造非现实和想象空间。如果单纯考虑“沉浸”特征和“互动”特征，其精神刺激有限。以 IMAX 影院为例，其属于有一定沉浸特征的媒体，但并不能带来沉溺；单机电子游戏为人机互动；网络游戏属于社会互动，其导致的沉溺一度成为社会话题，但并没有大规模影响力，影响人群的范畴也集中在青少年群体。而当“沉浸”与“互动”相结合，所产生的是“1+1>2”的效果。元宇宙带来的互动和空间体验将在多大程度上推动媒体沉溺，难以估量。元宇宙相对电子游戏而言，可作为生产力工具而带来更多用户，而且元宇宙对不同年龄人群的覆盖已大于电子游戏以及影院等媒体之和。元宇宙作为影响现实世界的工具，已经超出了纯娱乐的范畴，将带来用户量的飞跃，这种飞跃又将带来其作为娱乐媒体的质的革命。

5. 教育大众

媒体通过含有道德和法律倾向的告知、劝说来教化、教育大众。元宇宙的传播即到达性质，令教育的效率更高，这种信息的瞬时性和普及性让个体的信息能力更强、更理性化，观点更多元化。这一点与互联网的趋势一致。元宇宙的特性也给大众教育提供了新的标准。沉浸空间可以为大众教化提供虚拟现场，复现场景，并提供感觉。在传统媒介中出现的新闻信息给受众带来的仅仅是观点和事实，属于低用户卷入，而感觉模拟带来的高参与感，令事实和信息鲜活化。元宇宙可通过对人感官的刺激或感觉数据再现，完全复制他人的感受，这在教育一般大众上可以达到极为深刻的效果。例如为教育行人遵守交规，可将在交通事故中，事故发生瞬间人的感受、丧失亲人后的心情等向人们传播，令其感同身受，效果必然拔群。

教育的本质，从人类角度讲是对人类文明的延续之需，对个人而言教育则与自身生存利益密切相关。人类知识、经验的积累即文明的成果实际上是各种各样的信息，这些信息存在于不同的、形形色色的媒体之上，随时供人存取阅读。从这个意义上说，媒体就是中介物，是信息的容器。元宇宙本身是信息环境，建立于软硬件基础设施之上，在信息环境中留存的信息也无法脱离软硬件的制约。但在元宇宙环境扩大化、普及化的趋势下，教育越来越成为系统内部信息交换，而非个体对实物媒体的取阅。元宇宙对教育的意义在于效率，对人的教化可以在瞬息之间完成——通过数据和电子交换的形式。

个人教育方面，元宇宙提供的大规模数据库可以让个体轻松选择其知识结构。由于虚拟生存个体仍然受到硬件制约，其存储容量不能无限化，故在受教育内容和个体知识结构的方向性上有所取舍。但元宇宙中的学习效率必定是高于现实世界的。

元宇宙中的大众媒体具有强力的传播效果，指的是传播即到达这一重要技术特征，在传播信息的深度和广度上都可以超越现有的传播媒体。但这一传播效果又受到权限和慢需求的制约。并非所有信息都能得到每个虚拟个体的授权，也并非每个虚拟个体都希望能收到海量的信息。只要受众有一定的主动权，元宇宙作为媒体的传播效果必然受到一定限制。但元宇宙媒体的影响，至少在技术层面上说，比其他现实世界媒体要强力得多。与当前的强势媒体互联网相比，元宇宙可以说具备了报纸、杂志、广播、电视、网络的所有特点，因为在元宇宙中任何媒体甚至没有过的媒体都可以被创造和模拟出来。只要不是人为地限制这些虚拟媒体的功能，任何一个元宇宙媒体都可以具备传播即到达的终极传播效果。这，就是元宇宙带来的传媒革命。

元宇宙的新闻

新闻是经过筛选的信息，由专业机构对人类日常生活中大多数人可能会关心的话题进行判断、挑选[①]和呈现。呈现的方式可以是文字（报纸新闻）、影像（电视新闻）或多种方式的结合（互联网新闻）。人类需要新闻，新闻是人行动的指南，如果没有新闻，人可能会产生与世隔绝的感觉。在大规模的新闻传播活动出现以前，人们以群居的方式生活，其活动的范围有限，在一个小范围内口耳相传地接收信息，决策行动。随着新闻传播的工业化以及交通工具、通信网络的成形，人的活动范围变大，并通过媒体获得了延伸的能力。这时候人们在信息获取能力上的差别变得明显起来，这种差别使得以新闻为代表的信息成为一种具有经济意义和社群地位的资源。

元宇宙的虚拟生存者，仍然需要新闻作为生存和活动的依据，因为虚拟生存仍然是基于硬件基础设施的生存，现实客观世界的一举一动，多少会影响到虚拟生存的进程，与虚拟生存者利益关联。此外，元宇宙内部的新闻也密切影响着虚拟生存者的日常利益。新闻的本质——重要的日常信息——不会改变，但元宇宙内，新闻的形态和特点会出现许多的不同。

---

① 这种挑选有时是主观的或是趋利性的

元宇宙中的新闻：以人为信源

在元宇宙中，人们之间的信息沟通速度到达最快，“传播即到达”，信息覆盖能力、速度能力达到最佳。从这个角度讲，元宇宙中并不需要更快的新闻，而是更不一样的新闻，即新闻的是否“新”似乎已经不成为太大的问题，关键在于是否“闻”。新闻的来源和编辑、加工使得新闻可以呈现不一样的潜台词和利益倾向。人类历史对于新闻网络的构建，经历了由慢到快的一个漫长过程。从最早的无交通工具的口耳相传；到交通工具出现后的书信传递；再到电波和电报的无线传输。最早的无交通工具时代，人们就有固定的场所进行聚集，分享故事，交换最新发生的、令人感兴趣的信息。考古学者们通过一系列的证据，确认了在古代一些地方的当地人会向旅行者询问他们旅行途中的见闻，并把这种询问作为十分重要的事项[①]。可见，人类对新闻活动的需求几乎是与生俱来的。新闻的定义也紧密地和人们的生活联系在一起——以人类的生活为重要的参照来定义的信息，即为新闻。

在非正式的新闻定义中，也有人认为，新闻就是新闻机构所提供给受众的信息。这个定义侧重于受众在传统大众传媒面前的无力和被动性。因为，对于专业的新闻机构来说，只有它们才能为人们提供准确的、专业的、新发生的遥远的事实。个人的能力无论如何无法和专业的新闻组织相比，例如，个人无法去购买昂贵的电报发射机和卫星电话。所以，新闻机构在每天这个世界发生的无数事实中挑选一小部分信息传递给受众，受众也只能知道新闻机构所提供的这部分信息。这种“新闻”实质上并不是当天所有信息的全部，甚至连大部分都算不上，只是极小量的一点，是被过滤的信息。这个新闻定义的价值在

① Stephens，*History of News* [1988]，pp. 14，305. 转载自wiki“news”条目。

于提醒我们，不要轻易沉溺于媒体营造的信息环境中，应具备独立思考的人类固有能力。在元宇宙中，“传播即到达”在一定程度上宣告了这个定义的死亡。因为新媒体信息的来源多样化、传播瞬时化，个体传播能力已经不弱于专业的新闻机构，这在当前的互联网传播中已有体现。在元宇宙环境中，个人本来就以信息为生存环境基础，这种对信息的强烈依赖使得个体对新闻的定义将不仅限于新闻专业机构的“供给品”，虚拟生活的内容本身就是寻求更多样、更不受限的信息的过程。

元宇宙的宣传和舆论：效率与行动

新闻与宣传、舆论既有联系也有区别。宣传是出于某种特定目的的信息公关行为，以影响受众对某一主要观点的赞同和支持为目的，虽然也是信息的传播行为，但并非公益性，而是选择有利于宣传目的的信息和数据进行传播，是一种偏向的传播，并不一定带有客观性，往往只代表个人或个别团体的利益或观念。元宇宙中的宣传效率更高，比较现实世界中的传播媒体，包括大众媒体和各类广告媒介通过文字、语言、图像、声音等进行传播，元宇宙中的传播途径为纯电子的传播，只要具备传播的权限，信息都是即达的。元宇宙中个体接收信息的快慢不再有差异，只有权限才是区别。“慢”作为信息接收者的主动选择，具有娱乐性质和精神舒缓的作用。宣传的范围更广、速度更快，但受众的信源也更广，选择接受的余地也更大，观点的变化更快，达成一致或发生冲突的速度也更快。如果我们把信息的传播结果与个体实际行为分开来，即信息的传播本身不视为行动，行动只是信息传播的后果，那么传播本身不会对现实有实质影响，只有信息传播的最终观点才能导致行动，引发对现实的影响。

舆论是指在大众传播媒体营造的信息环境中，以一部分人赞同或支持某种观念为基础构筑的群体意识，表现为某种理念或价值观下的多种言论形式。简单来说，就是群体观念在公共空间的表达。舆论并不一定是理性的，却往往带有一定的倾向。一般而言，在自由市场和成熟社会里，公共舆论可以有效地维护社会的稳定，起到维护公序良俗和社会道德规范的作用。传媒是构筑公共舆论的物质平台，是公共舆论存在的物质基础和形式。无论是精英阶层还是平民阶层，都可以在大众传媒这一公众平台上或多或少地发出自己的声音，表达对事件的看法。这种集合的意见互动，最终在意见合一的结果下构成了公共舆论。反过来，公共舆论一旦成立，就成为社会的主流民意——或以传播学中“沉默的螺旋”理论解释——成为社会中被默认的正确意见。在现实的大众媒体中，媒体由专业传媒机构使用大量的资源设立，通过长时间运转才能获得一定的社会地位。这种社会地位以发行量、收视率、浏览量等为数字标准，而且一旦这种标准确立，在一定时间内可以维持很久。对于个体传播者而言，无法投入资源来建设自身的话语权。在互联网时代，这种情况随着网络传播的兴起得到改观，草根博主、明星微博等一大批自媒体使少数个体传播力量开始超越媒体，受众的理性提高也相对地削弱了传统大众传媒的可信度。从传播角度而言，虽然并不能说个人已经超越媒体的传播力量，但至少个人传播的力量大大强化了。在元宇宙社会，个人的传播速度相比互联网而言又更进一步。任何虚拟生存个体的信息渠道不再局限于大众传媒，也就意味着一直以来依靠传媒上的权威声音塑造的“舆论”力量在减弱，而公众合意和以个人社交关系网络为纽带的人际圈子传播在增强。从某种意义上说，人们回归了部落式的思考，却具备了更深远的延伸能力。信息量的增大反而使人们更重视自身所属群体的地位和归属感，这就让以人际圈为中心的传播取代了舆论，成为元宇宙的舆论特征。只有少数的核心价值和社会公认的一些本质价值存在于公开舆论平台。

元宇宙新闻媒介的性质

新闻媒介是及时地、真实地反映现实变动的大众媒体的统称，具有工具性，属于上层建筑，其生产的属于精神内容而非物质产品，作为影响人类生活的重要组织机构和传播载体，其并不具备强制力，而是通过引起讨论、营造舆论，使社会中生存的个体感受到社会压力，传递价值观，控制和协调社会。新闻媒介糅杂了多种意识形态，作为一种组织机构，其以采集和传递新闻为主要职责；作为一种媒介形式，可分为不同媒介，如电视、报纸等。新闻媒介的最主要性质是公益性和商业性。

在元宇宙中，新闻媒介的这两种主要性质不会改变。元宇宙传播的即时和普及，增强了新闻媒介的公众性，虽然个人信源更为广泛、多样、个性化，但新闻媒体组织必定在专业性上更胜一筹，尤其是在非保密内容的解读、阐释方面，人们主要仍依赖于新闻媒体的信源。同时，新闻媒体为维持其运转，又不得不追求盈利。元宇宙媒介，也是基于一定的物质条件而来。这些物质条件的建立和维护，以及对人力的需求，使得元宇宙媒介在新闻的公正、客观的基本要求下，在不歪曲新闻事实和偏向广告主利益的前提下，仍须通过广告等手段谋取利益。唯一的问题是，虚拟生存个体对于物质的需求在减退，未来的元宇宙广告主中，物质产品的广告主将减少，而精神内容的广告主将增多。另外，与现实媒体一样，元宇宙新闻媒体也可以通过出售内容来获取利益，即订阅费或会员费。在提高新闻生产质量、产生一定差异化、保证物有所值的前提下，特殊的、有深度的、价值独特的新闻内容也可以收获一部分付费用户。如何保证新闻媒介的双重属性之间互不干扰，同时和谐存在，永远是新闻媒体不可避免的问题。

元宇宙新闻的功能和效果

新闻的功能是为人类生活提供有关所处环境的变动信息，为人们的行动提供决策参考。新闻传递的是重要的事实，大量的新闻和信息构成了今天我们所处的环境，我们判断事实是基于这个信息环境，而非客观环境。信息环境并不能完全真实地反映客观环境，这是我们判断失误的根源之一。当今的新闻是新闻专业机构所选择和编辑的新闻，个人的信息来源虽然有所突破，但还是极其有限的。

新闻在传播客观环境变动信息的同时，也在传播价值观。价值观作为公德，通过大众媒体的传播，造成舆论压力，可以影响私德的形成。例如新闻对我国游客在外国旅游的一系列不文明行为进行报道，客观上会对出国游客了解“如何正确规范举止”有所帮助。这种对自我的约束和规范是新闻媒体所作的价值观判断形成的。新闻报道这些琐碎的细节，实际上就是对受众的一种文化调和。

元宇宙中的新闻同样具备以上两种功能，与现实不同的是，其传播的方式和内容改变了，而非新闻的本质改变。元宇宙中新闻所反映的客观包括两部分，一是现实世界的物质客观，二是虚拟现实环境的信息客观。在真实世界中，人们生活在拟态的信息环境中，理论上信息环境应该基于现实，但实践上无法完全达到；在元宇宙中，人们生活的信息环境就是现实本身。元宇宙并非反映真实世界的信息环境，而是独立于现实世界的另一空间，其反映的是其本身——尽管其存在依赖于现实世界。这种基于现实却又独立于现实的性质，体现在元宇宙新闻上，呈现为内容的交叉混杂性和自我独立性。元宇宙的新闻提供的内容既包括大多数虚拟生存个体所关注的元宇宙环境的变化，也包括真实世界的变化信息。

元宇宙新闻的市场运行

新闻的诞生源于人们对信息的需求。为获得信息，技术和设备必不可少。技术在很大程度上扩大了人们获得新闻的能力。随着资本主义的兴起，获取新闻并出售成为一项可盈利的产业。具有技术设备和金钱雇用的记者等人、财、物后，新闻机构可获得比非专业组织和个人更多、更快和更有用的新闻。新闻机构可以类比为新闻工厂，记者则是工人，投资新闻机构的资本家与投资实业的资本家并没有本质的不同。资本主义体制下，以经济为核心的运行机制保证任何事物的出现都是因为其有用性，而非其公益性。对于新闻的公益性虽然有法律的保障，但新闻产业出现，并非公益的呼唤，而是人的需求和资本逐利的结果。

以记者为例，他们最初受雇于报纸，只为特定报纸提供新闻。后来逐渐出现了专业的新闻机构即通讯社，自身不创设报刊，是只以报道为己任的记者联合体。此后，新闻机构对新闻的报道采用成为新闻的最主要信息来源，再加上独立记者、个人信源（通讯员）等组成团队，遍布在世界各地，不同的新闻机构之间也互通有无，构成一个庞大的信息交换网络。这个网络每日发布的新闻就是人们所处的信息环境。这个环境每天更新以反映客观世界。从理论上说，由于每天全球的新闻的总量是有限的，每个生活在这个地球上的人所获知的信息应该是一致的。但由于编辑选择不同、每一条新闻无法到达每一个人以及人的时间有限、记忆容量有限，导致每个人获取的新闻不同，人们的行为也无法全然统一在公开透明的信息环境下。

元宇宙中的受众在新闻获取能力上更依赖于个人信源，因为元宇宙的信息传播速度和范围都超越了现实世界，是基于系统瞬间传播到达的，因此，元宇宙中的新闻机构在信息获取的效率方面与普通受众并无区别。试想，当一个新闻在元宇宙中发生，其立刻通过虚拟个体传播到另一个虚拟个体，这个过程是完全数据化和电子化的，只相当于在系统的存储设备中进行了一次内部交换，传者和受众双方都是基于系统的结构化的个体，这种传播也是结构化的信息。这其中没有新闻机构的介入。在现实中，一个发生在美国的新闻，要令身处上海的一个白领知悉，就要通过大众传媒或自媒体中的任何一个渠道，例如互联网站的头条刊登、微博转发等方式才能实现。虽然新闻本身发生了，但由于信息与现实世界之间存在本质差异，这种传播过程实质上是信息向现实进行编码、译码的转换过程：现实事件发生—机构报道—转换为新闻媒介—受众阅读媒介。在元宇宙中，这个过程则改为：事件发生—个体传播—另一个体接收。互联网中的“自媒体”虽然也是个体传播，但事件发生与个体传播之间仍然存在编码和媒体化的过程——个体在获取新闻信息后需要将其转换为网络微博、手机短信等其他媒体。在元宇宙中，这个编码过程可以被忽略，只有基于计算机系统的虚拟生存个体之间的数据化交换过程，而且是瞬时的。

但是，由于个人信源的信息往往是碎片式的，不能构成深入报道，故元宇宙的新闻组织仍然有其重要地位。新闻机构生产的新闻，更具有专业性和深度。例如，个人信源只能发布一条“某某企业面临资金流动困难，即将宣布破产”的微博，而新闻组织却能通过其固有的资源，对企业资金流动困难的来龙去脉进行挖掘式报道，对企业破产可能引发的连锁反应进行预测，并对相关利益方进行采访，充分进行全景式的展现。新闻背景、新闻分析、事件预测等都是新闻机构专业性的体现。尤其对于新闻采访机构而言，其被赋予的特殊的采访权、与各行业的关系信源，都是个体信源无法比拟的。在元宇宙中，新闻机构的专业新闻、虚拟个体产生的信息，几乎都可以在新闻或信息产生的同时，大规模传达到虚拟生存个体，获得对环境的统一认识。元宇宙环境中，只有“知”和“不知”的区别，而没有“先知”和“后知”的区别——除非个体选择性地排除掉某种信息。假如设虚拟现实中有

N 个个体，一条新闻传递到了 M 个个体，N>M，则剩余的 N-M 个个体是事先选择过滤了这一“类”新闻，因而不再得知这一条新闻。对于 M 而言，没有主动排除这条新闻，他们接收到这条新闻的时间是相同的。

元宇宙新闻的受众

一般而言，新闻的受众是不特定的人群，任何人都有获得新近发生事实的需要。元宇宙中的受众物质需求减少，与物质需求相关的信息内容的需求也减少，尤其是实现完全虚拟生存的个体。例如对食品安全的新闻，由于完全虚拟生存等于纯数字化的存在，已经不需要饮食来维持生命，对食品安全的新闻也就可以完全不关心。可见，新闻的本质不会改变。

虚拟生存的差异主要是信息获取权限的差异。外形上的差异在虚拟信息环境下并不重要，信息环境中的形态可以随心所欲地改变，虚拟个体存在的空间——例如虚拟个体在现实世界的容器——却无法随意变化。容器本身可以决定虚拟生存个体的生存寿命，甚至信息获取的权限等，也是至关重要的一个存在——除非虚拟生存个体在多个容器中备份复制自身，在这个意义下，容器的数量可能增加、备份的数量可能趋于无限。虚拟生存个体在生存方式上的差异并没有现实生存那么大——因其均需基于元宇宙系统，是系统规范和结构化下的、具有自主意识的个人选择的空间。这种生存方式的趋近，使元宇宙的新闻受众具有一定的同质性，现实空间中不同阶层的群体所关心的新闻不同，新闻必须呈现一种“万花筒”式的特征，以满足不特定受众的新闻需要。而元宇宙世界中的生存基础基本一致，对于生存领域的信息关注度比较趋同；对于精神领域的内容的关注则多元分化。说到底，虚拟生存是以精神生活为核心的生存。

元宇宙新闻生产与新闻把关

新闻生产在现实社会中存在几个步骤：素材转化为新闻、编辑采集过滤、印刷（或刊播）以及发行（销售）等。元宇宙报道的事件可能发生于真实世界，也可能发生于虚拟世界。真实世界的新闻要在元宇宙中传播，必须在虚拟世界寻找到“入点”，即第一个获取这一新闻的虚拟个体，有了这个点，才能使新闻流转。这个流转需要的过程是极短的，相对于现实世界的新闻流转过程，几乎是瞬间完成。元宇宙中的新闻组织仍然可以挖掘素材和制作话题，但素材转化为新闻的过程缩短了，新闻编辑对新闻的采集和过滤过程也相对简化。

新闻选择是指记者对可以刊发但尚未刊发的新闻进行取舍，以便在有限的版面和时段里使新闻的注意力价值最大。传统的新闻媒体受到物理属性的限制，在版面、时间上总是有限的，必须有所取舍。同时，受众所能接收的新闻在特定时间和个体记忆中也是有限的。因此，无论从传者还是从受者来说，新闻选择都是必须。但在元宇宙空间中，这种限制消失了。一方面，新闻媒介脱离了物质属性的限制，仅以数据和字节来计算，其并不占用物理空间；另一方面，新闻的读者们也部分或全部脱离了物质肉体的限制，在接收和存储、阅读新闻的手段上实现了纯数据化，并借助人工智能对新闻进行自主筛选。对于传受双方，新闻的量的问题居次要位置，因此新闻选择的重要性降低了。但新闻选择并不会消失，因为在一个信息高度冗余的空间内，对信息的过滤和精简仍然是有价值的。

元宇宙的虚拟个体作为新闻受众，在接收新闻的过程中可自定义新闻，通过过滤，只显示自身最为关心的领域。而在现实生存中，新闻更多地出现为通用性的泛化新闻，是编辑的选择。元宇宙新闻受众在现实世界的特征不能完全映射到元宇宙，如年龄、性别、收入、受教育程度等。当这种身份与其在现实中的身份存在差异时，作为新闻受众的他们在新闻选择上会呈现与虚拟身份不同的对应关系。例如，在元宇宙中一个 10 岁小女孩的角色，其关注的现实新闻可能是财经和军事，因为其在现实世界中的身份是一个 30 岁的职业男性，元宇宙世界的角色要求他在扮演这个女孩的同时关注相关联的内容。当元宇宙生活的比例大于现实生活时，虚拟角色的信息环境显然要比真实的大，也更重要。虽然我们不能说受众的真实身份已经消失，但虚拟身份的信息重要性已大于真实身份的信息重要性。从新闻选择上看，真实身份的相关信息反而会降低到一个次要地位。

沉浸式新闻

沉浸式新闻（immersive journalism）是元宇宙范畴内的一个新兴领域，就是以第一人称的视角进行新闻报道或播放纪录片，它使用了 3D 游戏和虚拟现实技术给使用者创造了一种“存在感”，能够使其“亲身”经历事件发生的过程。

2014 年洛杉矶独立游戏展 IndieCade 上首次出现了沉浸式新闻软硬件综合系统。此系统由一个记者团队开发，项目名为“Use of Force”，即“武力使用”，其展示的新闻案例为 2010 年美国边境巡逻队开枪杀死墨西哥非法移民的事件。

在这个虚拟现实新闻事件中，受众需戴上虚拟现实设备即头戴式显示器来目睹整个事件发生的过程，并手持一个虚拟手机对新闻事件进行 60 秒的手机录像，以增强目击体验。

客观地说，这个案例展示的沉浸式新闻所构建的新闻场景是 3D、CG 技术的结合，这个技术早已普及。但将其同时应用于“新闻”和“虚拟现实”领域，则是一种思路上的创新。通常人们玩 3D 游戏是通过电脑屏幕，当加入虚拟现实设备后便有了沉浸感。

但将其应用到新闻现场，重现新近发生的社会事件，则可以给人一种接近新闻现场的感受，提高了新闻的冲击力，使目击者受到震撼，从而使事件本身得到强化，提升了新闻的社会价值观传播。同时，对新闻现场的沉浸式体验，可以有效地排除文字和平面影像带来的扭曲，更为精确地还原事实本身，接近新闻的本质。虚拟现实新闻不存在文字新闻的歧义和偏向性，也不存在视频新闻镜头组接引导思考的问题，可以排除新闻记者和编辑的主观介入。

然而，虚拟现实新闻也存在局限性。第一个局限性是拟真度尚需提升，而提升拟真度的代价是软件和硬件以及新闻制作的成本。当前的虚拟现实新闻所构造的三维世界还是比较粗糙的，与某些电影中几乎可以以假乱真的三维特效场景无法相比。这是成本的原因造成的，单个新闻报道的成本不可能与电影动辄上千万美元的影视特效投资相比。新闻媒体并不通过单个新闻来赢利，因此，不像电影工业里的单独作品可能获得巨大收益，新闻媒体不可能在单个的新闻事件中投入太多成本去还原新闻的细节。这也就造成了虚拟现实新闻在模拟重现真实场景时，只能在有限的技术和成本之下完成，虚拟新闻受众无法完全获得与现实目击者完全一样的视觉感受，其体验不能完全等同于现实的新闻事件目击，而只能是一种对已经发生过的事件的感受性的体验。

虚拟现实新闻的第二个局限性是：直播性不强。其以时间为逻辑，同时需要转换空间感觉，受众信息接收需完整时长。类似于电视新闻和广播新闻，虚拟现实新闻要求占用受众的固定时间段来“目击”整个新闻发生的过程，但又不同于直播式电视新闻和广播新闻。无论何种新闻，事实发生与新闻播出之间的时间差是必然存在的，但电视新闻直播的特性可以增加现场感，尤其对突发新闻可以现场直播，因为电视新闻只需对视觉进行编码；而虚拟现实新闻必须对视觉和感觉同时进行编码，以构筑虚拟空间感，因此在直播性上无法企及电视新闻和广播新闻。另一种折中技术是将 2D 画面转换为可用于虚拟现实设备中播放的“左右眼”格式。但这种技术带来的互动性不强，观众只能观看而不能与环境互动，与前述的“武力使用”新闻项目所采用的3D建模方式不同。

虚拟现实新闻的第三个局限性是：只适合体验短小新闻事件，无法全景式和深度描述新闻事件。文字新闻可以用抽象的方式概括事件，最适宜全景式地展示事件背景和深度，尤其对复杂的、调查式的大型报道有充分的把控力，受众可以在短时间内获得新闻结论，只需浏览阅读，因为文字新闻的物理特征是占用极少量的空间，这也是文字新闻的最大优势。电视新闻和广播新闻基于时间长度，需要线性时间成本，除了深度报道，大部分电视新闻持续时间为数分钟。但长篇报道也是可以的——电视新闻报道可以通过镜头语言的组接构造有吸引力的内容，例如制造悬念、解密、制造冲突、背景分析解读——在不违反真实性的原则下，电视新闻策划可以使用电视语言，构成画面之外的内容，使得整个新闻事件得到充分的梳理和多角度的分析。而对虚拟现实新闻而言，这一切都不太可能实现，或者说虚拟现实新闻的重点不在于此。虚拟现实新闻只能构成新闻现场让受众亲身体验新闻发生，而不能构筑一个对新闻事件的抽象解读，即无法超越新闻事实本身。

那么，元宇宙中虚拟现实新闻的意义何在？应该说，可以作为其他传统新闻类型的补充。

一方面，受众不再是被动地接收新闻，而是主动地体验新闻。与传统的新闻接收方式不同，虚拟现实新闻不再是受众消极地阅读已经编排好的文字或是收看已经组接好的电视画面，而是主动地选择进入新闻事件，以一种旁观者、目击者和参与者的身份接收新闻带来的冲击性和震撼性。

另一方面，物理多角度地体验新闻，增加新闻细节。在虚拟现实新闻中的受众，可以在3D新闻的环境中漫游，用不同的视角去体验新闻。这个视角一是指物理视角，即从空间的不同角度对新闻事件进行目击。这使受众具有了一种“上帝视角”的特征，即自由地观察新闻事件。在受众看来，它是来自“亲身体验”的，是更具说服力的。

元宇宙的沉浸式新闻基于虚拟现实技术，属于虚拟现实新闻的阶段，未来的元宇宙新闻将进一步发展。具体而言，会突破前述的一些局限性：首先是制作工艺的提升，即画面与真实度的提升，细节更多、更丰富，元宇宙世界更接近现实世界的外观和感受，提升新闻的真实感和受众的代入感；更重要的是现实新闻转换为元宇宙新闻流程的简化，新闻的即时性提高。当前的、初级阶段的沉浸新闻只能在事件发生后，根据电视画面、监控、目击者描述等信息还原制作 3D 画面——主要是用电脑软件建模、渲染并加入编程增加互动性来重现新闻现场。

元宇宙和电影、电视

元宇宙在向我们走来，这已经是“暴风雨的前夜”，而不是天方夜谭和终极幻想。元宇宙中，人们的娱乐方式会发生何种深刻的革命？电影和电视，作为影响人类生活和观念最多、最大的娱乐媒介与工具，会如何变革？电影、电视作为两个不同行业又将如何分别发展？这都是令人感兴趣的问题。研究这些问题虽然不能为我们的影视业提供立竿见影的转型发展参考，但可以引发我们对未来的思考，发现思想的新大陆。

电影和电视的大部分功能是提供娱乐，尤其是电影。纪录片在电影和电视当中所占的份额不多，其赋予电影和电视的人类学意味在人类巨大的娱乐需求面前显得微不足道。当然，我们并不是否定其记录人类历史与传统、文化和性质的功能，而是重点探索电影和电视的主要方面。此外，我们也不会忘记，电视还具有提供新闻信息的功能。故此，本章重点在于展望电影和电视的娱乐功能在元宇宙中可能的境况。

电影和电视是当今两种最大规模的单一媒介娱乐形式：2014 年全球电影票房为 375 亿美元[①]；全球电视业市场约为 600 亿美元[②]。互联网是一种基于信息传播方式的新媒介，是旧媒介的融合，故不能作为单一媒介形式看待。我们所说的单一媒介形式，是指有着较为清晰明了的传

---

① 人民网：《2014年全球电影票房增长16亿美元 过半来自中国市场》，http:// culture.people.com.cn/n/2015/0107/c87423-26339077.html，2015-01-07。

② 汤姆：《Aereo和Dish能否重塑600亿美元电视行业？》 http://tech.qq.com/a/20130408/000101.htm，2013-04-08。

播方式（视听觉传播）、受众和媒介之间没有互动的单向传播工具。

元宇宙中的电影

如果将人的生物感官进行重要性或娱乐性的排序，大部分人可能会将视觉排在第一。这并不需要太多理论的阐述，仅凭直觉我们就可以知道，视觉为人们带来的细节更丰富，感知到物体的形状、大小、颜色等多种属性及其组合。而听觉和嗅觉、触觉、味觉则较为单一或者说对人的刺激程度不足。在漫长的人类历史上，人们追求视觉愉悦的步伐从未停歇，这种追求几乎与生俱来。从远古时期的原始壁画，到古代的各类艺术品、雕塑、画作、戏剧…… 都是纯视觉或以视觉为中心的；近代，电影和电视的发明使人类的视觉娱乐水平获得了质的飞跃。人们孜孜不倦地研究保留影像的技术，直至一百多年前，初级的电影和电视终于被发明出来，并用这一百多年的飞速发展成为规模可观的产业，为人类视觉化娱乐留下了厚重的注脚。

1. 元宇宙电影：技术和形态

1895 年 12 月 28 日晚上，巴黎卡普辛路 14 号“大咖啡馆”，卢米埃尔兄弟的电影第一次售票公映，只有几十人到场。当电影开始播放时，静止的画面让观众一度以为上当受骗，以为观看的只是普通的黑白照片；而随着画面中开始出现运动的马车、行人，人们不由得张大了嘴，目瞪口呆——这是人们第一次看到高质量的运动影片的场景。此后的公映场场爆满，每天播放场次达到 18 场，甚至警察也不得不出来维持秩序……从此，卢米埃尔兄弟被公认为电影的发明者，他们为自己的机器取名为“电影机”。其实在此之前，世界各地也有一些发明家实现了不同原理、形态但功能类似“电影机”的制作和公映，但是由于放映质量差、观众体验不好等，没有得到推广。卢米埃尔兄弟此前在很多场合也都公开放映了影片，但由于这次在咖啡馆进行的售票公映影响重大，因此这一天被确认为电影诞生的日子。

从电影诞生后人们的狂热，我们可以窥见人类对于这个世界视觉影像的重现和热情。不过，即使是卢米埃尔兄弟也不可能预见到电影在一个多世纪后能成为人们娱乐的中心媒介，更不用说电影和电影周边工业打造得如此庞大的产业链。这恐怕要得益于技术的发展赋予了电影工业更多的可能，而不再是电影诞生初期那种对人类生活的简单记录；成熟的电影包括了对人类情感世界的咏叹（爱、恨、情、仇），以及对想象世界的呈现（科幻、想象、冒险），换言之，前者是对感性的想象和艺术化，后者是对理性的想象和艺术化。

在感性和理性两大领域附加想象并非电影独有，小说、戏剧都具有类似功能，但将其影像化、视觉化、具象化则是电影特有的能力。毕竟视觉或者说接近人类日常生活的视觉感受才是最能令人身临其境并陶醉其中的，其对人的刺激性远大于小说和戏剧。对于小说来说，想象空间无限，但视觉能力有限；对于戏剧来说，想象空间受到舞台物理空间的限制而无法给人真实的影像感，而且舞台的物理距离使得观众无法察觉细微的人物情感。电影则融合了以上媒介的优点，构筑了一个不受时空限制的虚拟空间。

人的生物本能是追求刺激的，这是人的大脑的生物本质之限制，人类自娱的工具不断进化，从岩画到油画、到相片再到电影和高清电视，从用手打节拍到歌唱、到复杂的乐器再到交响乐乃至发烧音响，声音和视觉刺激的程度在不断上升和强化，其动力的根源无非是人类对强刺激的追求。这是人和人类社会的本质性，其基于人的生物性，是人类社会不断发展、科技不断进步的根本动力。人类的道德和伦理则是人类高于动物本能的一面，其精神的强大约束力。电影之所以在普及程度上高于戏剧和小说以及音乐，简单来说就是因为愉悦刺激的强度更高。视觉和听觉的双重刺激、色彩和形状的还原，都更接近我们对真实的体验；而情节和内容的想象夸张，又使观众体验到超越真实的一面，真实和想象的结合，从未在电影以外的媒体上体现得如此强烈，以至于可以让人在观影时暂时忘却现实的一切，沉浸在一个假想世界之中。

我们可以断定，元宇宙是我们从未遇到过的、历史上从未出现过的强烈的刺激源，能令个体获得极其强烈的娱乐体验。通过直接读取他人数字化后的记忆、感觉和经验，虚拟个体可以体验到更多过去在现实世界中无法体验的感觉。无论是在刺激程度还是在刺激种类上，虚拟体验都比现实体验丰富，元宇宙与电影的交融也会诞生新的媒介形式。

第一，电影体验方式的变化。

从根本上说，电影是光影和声音的艺术，是基于人的视觉残留现象的艺术。由于人的生物性，光线对视网膜产生作用后，即使光线消失，图像也可以在视网膜上暂留 1/24 秒，故静态的图像一旦连续播放超过了这个速度，便会在人的视觉中变成动态影像。按照人的虚拟生存的不同阶段，在人脑未被替代的阶段中，眼睛的作用以及生物性被保留，电影仍然通过视觉来传播。但在完全虚拟化阶段，人类只能通过模拟视觉感应器来观看电影，或者通过数字化接收信号直接“享用”电影。换言之，电影艺术要么完全彻底消失，要么仍然按照现有的光线传播来生存。这是因为，我们谈论电影是基于其现有的特征，如果电影现有的特征消失，变成类似电子游戏或数字化体验的一部分，我们便无法使用“电影”来称呼它。因此，本章所讨论的元宇宙电影是人利用虚拟现实眼镜、头盔等工具所观看的电影。

我们应先确定一个观念：在未来，电影的形态可能变化，也可能不变[①]。从市场的角度来看，变或不变最终取决于用户习惯和市场生态。在现实世界中，目前还没有实质上超越并替代电影的用户体验；在元宇宙中，电影的用户体验决定了电影的变化形式。

① 这里说的变化是基于光传播这一特质，而非诸如从黑白电影到彩色电影、立体电影和 IMAX 电影这样的本质不变的改进。

在第一个元宇宙阶段，即人的生物性不变、以头戴显示器实现虚拟空间的阶段，即目前即将爆发的产业初级阶段。实际上，1995 年日本的游戏设备公司任天堂便推出了一款名为“虚拟男孩”（Virtual Boy）的头戴显示器，这是世界上第一个推向市场的虚拟现实设备。

这款在 20 多年前推出的消费级虚拟现实设备，本质上与今天的虚拟现实设备并无太多不同。

一旦戴上虚拟现实设备，人们即获得了进入另一个世界的通道。这个虚拟世界通过自身的软硬件系统模拟现实世界或者想象世界的物理规律、物质环境。通俗而言，这是一个戴在头上的立体显示器，观感上像是观看 IMAX 电影时坐在最前排。但是通过平面的文字画面来描述，是无法令人感受到其“真实”感的。

同样的一个场景，当其在平面显示器上展示，对用户而言既没有立体感也没有沉浸感。元宇宙的重要性质是互动性。人在现实世界中的一举一动，包括肢体动作和头部动作，都会在元宇宙中得到反馈。通俗地说，当你戴着头盔在场景中转动头部，你看到的是虚拟世界中相同方向的场景；不同于平面显示器——你转动头部，便离开了屏幕。必须强调的是，这并不是简单地把显示器接驳到人的眼前；那样的话无论人如何转动头部，他能看到的都与平面显示器一样，元宇宙是与人“互动”的，现实动作和虚拟世界的互动。这种有机融合，从文字描述上看并不复杂，但它带来的意义是革命性的。

元宇宙电影在体验方式上异于传统影院观影的方面如下。

一是传统影院观影是集体活动，人们在观影时可以有部分言语或肢体互动：悄悄话或是情侣牵手；看到某个片段时集体发出惊叹声、笑声等。这种互动有很大限制，甚至很难称为互动，而只是环境刺激个体产生的反馈。但不可否认的是，这种反馈会对观众产生心理影响和社会交往的感受以及周边干扰对电影本身的时不时的抽离感。虚拟现实设备的观影方式则完全是个人体验，个人通过佩戴头盔等设备沉浸在电影营造的环境当中去观赏电影情节，基本上排除了周边环境的干扰。电影信息的传播障碍被降到最低程度，促进了观众对电影的情节、隐含的思想接收和理解，电影作为一个艺术表达方式，其传播的效果得到提高。但与此同时，个人在观影过程中缺乏社会交往和互动，观影完毕后，对现实的关注和渴望被抑制，对电影虚拟空间体验和现实体验产生较大分裂。

二是真实性和刺激性提高，对人的娱乐阈值的影响。娱乐阈值是人的生物应激程度在娱乐媒介上的反映。人的交感神经兴奋时，肾上腺素分泌传导信号刺激身体发生各种反应，这是人感到“刺激”的生物基础。对于幼儿来说，只是坐在一辆摇摇车上就能令其感到兴奋；而对成年人来说，坐摇摇车只能觉得无聊。看惯了高清影片，再回去看黑白默片，其娱乐性就会大打折扣。当然，对于部分观众而言，他们觉得情节比特效更重要，从中享受情感的抒发和体验。这是另一种生物刺激。不论何种性质的刺激，元宇宙下的观影体验必然会在沉浸感和现场感上强化，能令人如身临其境。长期使用后，人的娱乐阈值或应激性会逐步提高，这可能直接减少电影院中以特效为主的动作片的需求。

三是设备不适。元宇宙在这个阶段的局限性也是显而易见的。首先设备佩戴的不适感是一个障碍。我们看到，从 1995 年至今 20 多年，头戴式虚拟现实设备的大小、外形和使用方法并没有太大的变化，这意味着虚拟现实设备的外观受到当前技术的限制，在一段时间内都不会有太大的变化。在这个外形的局限下，此阶段用户体验虚拟现实头盔的持续时间不会太长。我们可以回想一下观看 3D 电影时的感受——厚重的 3D 眼镜给鼻梁和头颈部带来的压迫——就可以想象：虚拟现实头盔至少在当前阶段并不适合长时间使用。而这一特性对于虚拟生存而言是致命的，因为要达到“生存”这一级别，其对设备的依赖可以说是接近全天 24 小时的；而如果要达到“娱乐”这一级别，对设备的依赖可能只有 1 ~ 2 小时左右，这样的设备负担，从人的生物性层面尚可以接受。

因此，对于电影这样一个娱乐媒介，其 1 ~ 2 小时的长度，在虚拟现实设备使用中相当合适。

此外，当前的虚拟现实设备用户反馈显示，不少人在使用虚拟现实内容时会具有不适感，最普遍的是晕眩、恶心等“晕 3D”现象。这个问题也困扰着用户。

元宇宙电影的观影体验大致上可以总结为：相比于传统电影观影方式，它更为方便，足不出户，但需要佩戴设备又带来了些许麻烦；它更具有沉浸感和现场感，但又带来了一些不适感。总体而言，元宇宙电影还需技术的进步来改善，最终其将成为重要的娱乐方式之一并取代影院观影。

第二，电影制作方式的变革。

首先，拍摄方式。电影在适配虚拟现实头盔时并不需要做太多的技术转换工作，只需在拍摄时注意使用相关设备，便可以使电影完美搭配元宇宙界面。但实际拍摄工作并没有那么简单，需要使用新的支持虚拟现实表现方式的设备。在据称为首部元宇宙电影《11：57》中，使用了创新的拍摄方式。该电影是一部恐怖电影，观众的体验是在一个阴暗压抑的地下室中经历一个恐怖故事，观影者需要头戴虚拟现实显示器 Oculus Rift，进行 360 度全方位的恐怖体验。在普通的电影故事中，观众只是作为第三者、旁观者出现；而在元宇宙电影中，观众成为电影故事中的主角。这是一种全新的电影体验。为了拍摄出可以与观众互动的场景[①]，导演设计了一个拍摄工具，上面搭载了 6 台 GoPro HERO3+ 相机采集 360 度的同步画面，将 6 台摄影机的素材完整地拼合到一起[②]。实际上相机的位置便是观众的位置，演员表演时向着摄像头表演，最终你

① 即观众左右、上下转动头部时，景物随之变化，令观众身历其境，而不是固定为摄像机画面。

② 游侠网：《〈11:57〉首部虚拟现实恐怖电影 360度无死角的惊悚》，http:// www.ali213.net/news/html/2014-11/123753.html，2014-11-08。

可以想象，当你在电影中遇到一个“鬼魂”时，你将头别向左边，可能会看到另一个鬼魂。不同于普通电影，单摄像头限制着观众的视野，元宇宙电影具有一定的自由度，自由度的大小由摄像头的多寡决定。

为了适配虚拟现实，2015 年 7 月，诺基亚已经推出了专用的虚拟现实摄像机“OZO”，如下图[①]。

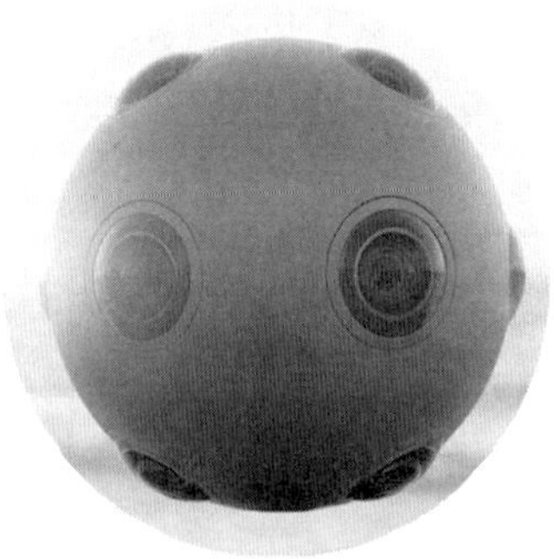

很显然，这款虚拟现实摄像机上面的多个摄像头，是为形成具有沉浸感的空间而采集多角度的视频素材而设计的。

通过这个例子，我们可以想象，未来的元宇宙电影在制作时使用的摄像头数量，决定了所采集的电影素材数量，也决定了观众的自由度。这里涉及一个电影与互动性的矛盾：传统的电影是没有互动性的，观众只能单向接收已经安排好的剧情和画面，也不能看到镜头场景以外的画面；而元宇宙电影可以提供一定的自由度给观众，也可以不提供自由度，完全按照传统电影的模式，但观众仍然可以享受到其中的真实感和沉浸感。如果观众具有了自由度，那么他在观影时可能脱离情节太远，也可能因探索自由空间而错过某个情节，无法感受到电影导演所想要传递的信息。

也就是说，元宇宙电影在技术上允许观众“暂停”——头戴式虚拟现实设备是个人化装置，完全可以具备类似功能，但这种功能对于观众

① https://www.engadget.com/2015/07/28/nokias-virtual-reality-camera/.

而言是一把双刃剑。因此，未来的元宇宙电影有两种内容类型：一种是允许观众自由探索，剧情较弱或剧情中断不会对观影体验有负面影响的内容，其主要目的是借助虚拟现实设备体验不同的场景和感受，对剧情的把握在其次；另一种是与传统电影一样，不允许观众自由探索影视空间的、情节性较强的电影，观众在观影时除了获得虚拟现实场景的感受外——例如高空跳伞、攀爬高楼、太空行走等极限运动——也必须关注剧情的进展，体会情绪的变化和深度思考。元宇宙电影的自由度越大，需要采集的电影素材越多，这对拍摄工作是一种新的挑战，电影素材的数量会成几倍乃至几十倍地增加，由此带来后期制作成本、人力成本都相应增加，电影投资成本增加、票价增长，而相应的观众增长则未必会有同样幅度。可以预见，未来的元宇宙电影中互动性并不是重点，因为互动性更适合电子游戏媒介的娱乐方式——以观众为第一人称视角，探索虚拟世界并与之互动，从每一次互动中获得成就感；电影从本质上更适合以旁观者的身份介入故事，去体验电影带给人的震撼或感动，过多的互动内容只会令观众无法把握故事的细节和情绪的发展。何况互动技术还会给元宇宙电影带来成本的增长，其投资回报率并不乐观。总体上，未来的元宇宙电影产业会有少量的、以高互动为卖点的作品，但从市场理性的角度分析，元宇宙电影还是以沉浸感为主要的娱乐方向，高互动性元宇宙电影不会太多。至于少数专门以互动性为卖点的元宇宙电影，情节则不是其重点，刺激体验才是其追求的目标，例如专门体验空间站中的生活。以互动性为卖点的电影更类似于体验式游乐工具的一种，严格来说不是带情节的电影，其文化意味不足，但可以重复利用。例如一些游乐园里常见的 4D 电影，实则就是在座位上加装反馈震动部件，令观众获得与画面同步的体感。这种设施也可视为互动性的特质之一，但其并非主流的电影。

其次，数字动画对比真人 / 实景。随着 CG/3D（电脑 3D 动画）技术介入，动画电影发展到了一个新的阶段。好莱坞的第一部动画大电影是 1995 年的《玩具总动员》。它是世界上首部完全使用电脑动画技术的动画长篇，在电影技术方面有里程碑式的意义，在票房上也取得了不俗的成绩：1995 年北美票房榜冠军、全球票房超 3 亿美元。新技术带来的新体验总是能成为消费者的兴趣所在。今天，3D 动画大电影已经成为电影院线中不可或缺的一道风景。随着技术的发展，3D 建模和渲染的能力、动作捕捉电脑模拟的能力等越来越强大，3D 动画人物的表情与动作、3D 动画道具、3D 动画场景不断逼近人类真实视觉所能分辨的极限。这对于元宇宙有一个重大的影响，即元宇宙的真实度最终会追平人类世界的真实度。这也是未来元宇宙与现实世界界限进一步模糊的技术基础。目前，电影行业已经分为两种截然不同的工作模式：一种是传统的电影工业，依赖于现实的演员、场景、道具进行表演，再利用摄像器材录制素材，最后用后期制作软件对素材进行编辑、加特效等工艺形成成品；而另一种是纯动画化的电影，不依赖现实的演员、场景、道具和摄像器材，只需通过电脑绘图和动画制作实现表演过程。在现阶段看动画电影，由于技术和成本的限制，大部分动画电影难以达到和真实世界相同的视觉真实程度（我们称为照片真实度），仍然具有突兀的立体图片感。

从可行性、成本上看，数字动画电影将逐步超越真人 / 实景电影，成为伴随虚拟现实设备的电影，一开始将以真人电影为主，并向纯动画电影过渡。

再次，发行方式。很难想象观众们一起坐在影院里，每个人头戴一个虚拟现实头盔同时观影的景象——除非以下原因：设备昂贵得令人无法负担、技术上电影必须通过大型的其他影院设备传输、家用虚拟现实设备不常用而没有必要自行购买。目前来看，以上原因都不可能成立：第一，从今天市场上的元宇宙产品价格来看，几百元到几千元是较为常见的价位；第二，元宇宙内容当前完全能够以互联网下载的方式传输；第三，当前已经有大量元宇宙内容的开发者，且元宇宙将深度介入人类生活，而不仅是娱乐领域。这些理由保证了我们不太可能去影院使用互相独立的个人设备来观影，即使有，也只可能是为了防止盗版，或者在元宇宙初期，消费者还未普及，影院能在元宇宙体验上收取高额溢价来转移设备成本的阶段。正如其他数码消费产品一样，虚拟现实设备会逐步提高用户数量，降低设备成本，或者采取今天的“硬件免费”模式，通过内容发行来获得长期收益。

传统电影发行商的主要职责包括三个不同的层面：一是与上游制片商联系，挑选有市场前景的影片，并与片商、发行方就发行影片沟通，协商确定某部电影的票房分成比例；二是与放映方联系，将发行的影片尽可能多地发行到院线和影院，并争取尽可能多的放映场次和比较好的放映档期；三是影片宣传推广，保证电影最大的曝光率、让观众认可并走进影院买票观看。在元宇宙电影个人化的前提下，发行方式可能由制片方直达消费者，也可能通过其他发行方，以类似软件、光盘分销的模式发行。在市场经济中，发行或渠道的存在是必需的，是专业化分工的要求，也是信息不对称的结果。制片环节在整个电影工业中是一个主要的，高度技术性的，复杂的，涉及大量人力、物力、时间成本的环节，而且竞争激烈的市场下，即使是大投入也并不能保障影片的盈利。这是具有极高风险的市场。另外，发行环节所必须具备的资源、技术与制片完全不同，这其中，关系资源的影响居于统治地位。发行方的实力和品牌也强于技术要素。在今天的网络环境下，越来越多的数字内容通过互联网进行发行，即直销到消费者端。传统的电视剧市场已经通过互联网发行享受到了便利。

电影之所以没有迈向互联网直销，主要原因还是当前家庭观影的体验不如影院观影，包括画面分辨率、色彩数、画幅、声音质量等。尤其是大投入的动作片，家庭观影的效果与影院观影效果差距明显。互联网直销到消费者端只能适用于家庭观影，因此并不利于全面的娱乐体验。因此，问题的核心还是当元宇宙观影体验超越影院观影时，影院的优势便会丧失殆尽，必然影响到传统的、发行到影院和院线的环节。但是，这并不意味着中间商的消失。发行环节的职能和核心竞争力转换为营销和广告、宣传、公关、传播及推广。因为影片之间的市场竞争并没有消失，而吸引更多的用户还是制片方赢利的唯一途径。中间商通过建立网络口碑、其他媒介广告等方式争取影片用户，同时从中获利。类似软件网络发行平台等，元宇宙内容混杂融合于软件发行也是一个趋势。

对元宇宙电影等任何虚拟现实设备内容发行而言，元宇宙内容由于技术形式的特征——个人化、网络化，其最大可能是通过互联网的直销渠道进行发布，减少中间环节。传统的影院业可能不会消失，但面临冲击、市场份额减少不可避免。

最后，观影方式。当前的电影服务，对于个人来说可以通过去影院观影或在家中观影两种渠道获得；在家中观影又可以细分为互联网下载（收费）、购买载体（光盘）、通过电视直播或点播收看等方式。无论何种方式，都需要付出一定的费用。现在影院生存的基础主要是影院的光影效果优于家庭观影，次要原因是院线发行历史上形成的“新片先发”业内规则。在元宇宙影片的更高刺激性之下，影院生存的基础会荡然无存。而互联网发行又能使影片在制作完成后第一时间到达最终用户，这两点足以横扫影院这种业态。当然考虑到虚拟现实设备的实用性和进化速度，影院业还可以生存相当长一段时间，也可能在这个阶段内自我进化，例如免穿戴设备的全息电影。全息电影创造的是一个围绕人身体的视觉环境，人不需要佩戴任何设备即可观看这一环境，也可以用小型的设备（如数字指环）与全息环境互动。这种全息电影的优势能否维持影院观影习惯？恐怕也只是短期效应和小概率事件。因为全息电影虽然可以使人有身临其境之感且无设备负担，但全息电影在播放时有固定的光影位置，与传统电影的区别只是将平面画面转换为立体全息画面，呈现于观众眼前的是看起来与现实一样的人物和场景，即观众可以在各个角度欣赏电影，从而得到不同的体验。这种体验与传统电影相比，优势在于人物真实，也可以获得一部分身临其境感，但其限制性也非常突出，例如不同角度的观影效果差别，甚至影响到对剧情的理解等，总体优势并不突出，从某种意义上看，同样更适合个人、家庭等小规模人数的观影。影院的全息影像化能否保证影院集体观影的模式生存下去，还需要市场的检验。元宇宙电影对传统电影的冲击会带来影业生存模式的变革。

此外，电影本质的革命。未来，在人类实现完全数字化、摒弃肉体后，纯粹虚拟生存的方式下，电影等精神娱乐消费直接以数码化的方式传递到个体。这带来的问题是：个体能否体会到“娱乐”这一生物性才具备的实质感受？我们当然可以用机器模拟生物，但生物的感受能力是基于生物本身的，即“生物感受— 生物刺激—生物化学物质分泌—生物器官相互反馈”的过程。在这个过程中，人类之所以感到兴奋、激动、快感等，都是由体内不同器官分泌的物质刺激引发其他器官的生化反应所导致。如果全面取代了人的生物性，那么人的感觉和感受都会消失，因为人的生物性不存在了——既不存在产生化学反应的器官，也不存在器官产生的化学物质。机器能否模拟生物化学反应让人体会到娱乐的意义？假设我们可以做到将人的器官功能全面机械化，100% 复制实现现有的器官功能，那么这种可能性确实存在，但这就意味着机械生物化的一面需要维持运转，传统的生物质能量也不可缺少——饮食甚至生物能源也不可避免，人类机械化的最大优势也就失去了，我们又回到了原点。机械模拟生物器官即使能够实现其全部功能，但如果只是为了娱乐一途，似乎其成本与效率之比也不太合适。我们当前的机械模拟生物器官，大部分是为了维持其主要功能，总体目标是维持生物体的生存这一不可或缺的基本前提。基于硬件的虚拟生存超越了生物体的易老易死，这是其优势所在，也即消除了“维持生物体生存”这一总前提的制约，我们才可以获得更大的自由度。但为了这个自由的获得，我们也相应地放弃了对感受和娱乐的权利。

2. 元宇宙电影：形式和风格

美国电影学者大卫·波德维尔将电影分为形式系统（叙事性与非叙事性）及风格系统（摄影、剪辑、场面调度与声音）两个层次。在元宇宙角度下，这些因素都将发生一定变异。

第一，叙事角度。电影的叙事角度大致有三种：第三人称叙事、第一人称叙事、无角度（纪录片叙事）。大部分当代电影采用第三人称，即全知客观叙事。观众观影时，能明白影片中所有的人物关系和故事情节，从而能跳出剧情欣赏演员的表演，感受剧中人的喜怒哀乐。第一人称叙事较多出现于现代艺术色彩较浓、探索性较强的小众电影，叙事者即故事人物，观众跟随着人物的视角发掘未知的剧情。无角度叙事中叙事者所知信息比电影中的人物还要少，展现的是生活流动性，为后现代电影的常用手法。

元宇宙电影的优势在于沉浸和互动，第一人称的叙事角度十分有利于“沉浸感”和“互动感”，相比于仅仅旁观的第三人称叙事，第一人称叙事更能发挥元宇宙的优势。这也是前述世界上第一部元宇宙电影《11：57》所采取的叙事方式。第三人称叙事也可以借助元宇宙电影的优势而提升观影体验，尤其是在画面的立体化上提高冲击性。

两者在元宇宙电影中各有利弊。第三人称叙事更符合观众的观影习惯，容易展开剧情；但不能完全发挥虚拟现实的优势。第一人称叙事能充分利用元宇宙的沉浸感和互动感，提升观影刺激程度；但在拍摄和叙事上留给导演的调度空间不多。例如，好莱坞动作片通常是用第三人称的角度，以旁观者的视角跟随身手不凡的主人公开展冒险；假设采用第一人称，观众便可将自身想象成这位英雄，去与电影中的其他角色对话、打斗、开车追逐、高空跳伞、激烈枪战…… 这些视觉刺激戏份都是以个人主观视角映入观众眼帘的，其刺激程度不可谓不高。但这种模拟主观镜头在如此多的动作场面中必须要频繁晃动，时间久了极易引起不适；而且对于习惯了第三人称视角的观众来说，以主人公身份入戏腾挪跳跃，恐怕多少还是有点“别扭”。

换一种模式，我们再来看看爱情故事片。在这种生活化的电影类型中，以剧情而不是以视觉刺激为主，演员的动作和行动相对缓慢，剧情通过对话展开。爱情电影本身的潜在目标就是向观众传达男女主人公之间纠结痴缠的情感，让观众体会爱情、感受激情而获得愉悦或释放。元宇宙的主观观影方式反而十分适合。

从叙事结构来看，电影也可分为线性与非线性叙事，即按时间先后顺序为线性叙事，其他包括倒叙、分段式叙事、重复叙事、多线并行、点状叙事等，都属于非线性叙事。元宇宙对于叙事结构并无太大互动影响，它可以运用于任意叙事结构中，影响的只是叙事角度。其中，多主人公并行线索不适合元宇宙的第一视角。第一视角是元宇宙电影的重要特征，只有在这个特征下，才能全面发挥元宇宙电影的魅力。当叙事结构与第一视角有冲突时，便不是元宇宙大电影的优势所在。

《狂野体验》是一个 3 分钟的 360 度虚拟现实影片，观众可以与奥斯卡奖得主瑞茜·威瑟斯彭扮演的角色一起穿越森林中荒凉而孤独的小径。通过 VR 眼镜，观众可以亲身体验所有的冒险。影片在圣丹斯电影节首映。

第二，风格系统。风格系统是在电影中表现出来的某种意识上和艺术上的倾向，由摄影、剪辑、场面调度与声音共同营造。

以摄影而言，元宇宙电影对于摄影的最大影响是第一视角下摄像头代表观众所在位置，而且需要多角度采集素材。采集素材的量影响着元宇宙体验的自由度。如果只在固定正前方的角度，则无异于普通电影，只是多了立体效果。虚拟现实摄影方式在第一人称视角下变得简化了，成为人眼的光影流水账；在第三人称视角下则与普通电影一样。

在构图上，元宇宙讲究“复现”人眼的视域，同时注重营造心理层面的影响。因为第一人称追求的是观众的代入感，如何令观众沉浸，不仅是设备层面的问题，更是导演要思考的问题。在书面文学中代入感是以心理代入为主，通过情节发展、语言表达、心理活动的描述在宏观层面让人体会到某种情感，是以抽象思维为推动力的代入感，对读者而言，越是多愁善感则越能体会到其中传递的情绪。因此，“文艺青年”往往意指那些敏感、忧虑的以书面阅读为主的受众，这是一种内在的联系。而传统的电影媒介，代入感是以视觉方式来体验，包括演员的动作、表情；语言表达起到强化情绪、推动情节发展的作用；情节则营造宏观的背景，烘托情绪生成的环境。三者中，视觉为具象化要素，语言为声音要素，情节则为抽象要素，以视觉为情绪中心代表着从抽象文学向具象生活的渐进，观众的代入感更为具体，而非自我想象的感动。这种转变，无异于减少了受众的卷入，然而却增强了受众的注意力，对于敏感的人而言是削弱了其自我内化个性化情绪的乐趣，对于不那么敏感的人却增强了其对电影情绪的同感。有所得，也有所失。正因如此，有人将书面文学向视觉影视的过渡解读为一种“退化”或“堕落”，是高雅向通俗的投降，是精英文化向草根文化屈服的表征之一。不过，从人类学的角度而言，人类共同体的形制得以形成，所依赖的正是这种技术层面的个别因素所统合的内容。人类的同一感在普遍人类情感、价值观的基础上得以“通感”。自 20 世纪起，全球化概念实质上就是人类技术层面引起的一系列基于人类情感层面的变迁，无论是交通技术还是信息技术都在缩减着人类的地理领域，这种缩减是相对于人的生物限制而言的，例如人的步行和奔跑的速度，人每分钟能说的字数，每分钟能写的字数，等等。由于人的生物性限制（实质也是技术限制）而造就了我们今天的人类世界的各种规则性的数据，这是一个前置要素。人类共性在视觉文化中得以同化，代表具象化的视觉文明的普适性超过代表抽象文化的印刷文字文明，不同种族、语言之间的矛盾和沟通障碍被进一步消除。元宇宙也是一种视觉文明，但它融入了更多的“触觉文明”。人类从胚胎期开始最初以触觉为与外界沟通的唯一手段，即“胎动”。胎儿可能会以其来回应母亲外部的抚摸等动作。元宇宙中人通过触碰信息化的客观世界来获得反馈。触觉文化也意味着人与人之间更亲密的关系，这与人类共同体的基础具有一致的意味。

元宇宙电影在沉浸与互动/触觉的空间中，其风格无疑更倾向于人的情绪传递和动作刺激。具体而言，对于情感，电影风格更容易表达夸张的、细腻的面部细节并使观众更好地体会导演要传递的感情，例如将演员的表情通过观众的第一人称视觉呈现得更为强烈；对于动作，则以强调现场感为主，例如在动作片中通过拍摄角度设计、多角度场景使观众享受到更为紧张的娱乐刺激。这些娱乐体验的提升通过虚拟现实的第一视角、立体感和沉浸感、互动性来实现。

剪辑也是电影制作中非常个性化的一个环节。摄影师拍摄好的素材，如何修剪，每一个镜头的长度如何，切入切出的位置选择，都决定了电影视觉效果中的“节奏感”。这也属于风格的表现。一般而言，镜头长度短，镜头切换快，镜头数量多，则意味着电影的节奏快，有利于提高观众的注意力，营造紧张激烈的氛围。但缺点是过快的镜头会给一部分观众带来观影的不适感。在虚拟现实设备下，这种不适感可能会大大加强。因此元宇宙的电影剪辑可能受其影响而考虑将镜头长度增加，将镜头之间的过渡平滑化。

场面调度是导演所构思的演员相对于镜头的运动方式，或者反过来说，是镜头相对于演员和场景的运动方式。通过演员和摄影机运动的速度和节奏的变化，揭示出镜头的内蕴含义。电影语言不同于文字语言，需要更多的隐喻来表现故事才能具有强烈的感染力。元宇宙电影的沉浸、互动、立体的要求，在第一视角下对场面调度的限制较多。运动过快，观众容易产生晕动症；运动过慢，又不能体现元宇宙的优势。而在平面时空中经常使用的不同场景之间的切换和过渡，对于二维空间是十分自然的，换言之，人类从以印刷文字为主体的时代过渡而来的习惯没有被打破。在元宇宙媒介中，三维空间是其主要特征，三维空间的第一视角和第三视角分别代表了观众本身和旁观者两种不同受众接收方式，这对于二维空间中以第三视角为主的场景切换方式是一种重大变革。观众的理解能力被媒体弱化——第三视角是全知全能的，第一视角是只能理解发生在眼前的事情，同时不能对影视角色表示出情感认同，只能自我认同；普通电影将受众置于“上帝视角”，第一视角是“凡人视角”。这种对受众理解能力的“贬低”是媒体自身强大化的必然，虚拟现实的增强，减少了人的主动性——更多的注意力卷入、更多的受传者状态、更强烈的刺激和更多的互动成分。表面上受众获得了更大的自由度，事实上受众失去了自我认知和判断的能力，很难从元宇宙电影中自拔。

导演面对三维空间时对场面调度的想象不再基于传统的二维画面，而需想象为自身的经历画面。首先，导演个人的生活经历和体验决定其元宇宙电影的风格。导演个人认可、设置的场面和场景风格实质是对导演自身体验的再现，对于观众而言未必是同种体验，即元宇宙电影的场面调度将更为主观化。相对传统的电影，冷峻的现实主义视角将很难在元宇宙中再现。其次，观众代入演员的第一视角，能否体会到导演的叙事设置或情感传递，也是因个人体验而异。而当观众并不认可这种叙事或情感时，其对于自身（即主观视角）便产生了纠结和叛离，这会削弱影片的说服力。场面调度的核心是演员在舞台中的位置，在第一视角中，影片主角永远处于中心位置。导演在调度场面时，很难脱离这一局限。当然，我们不能排除在新的导演思维下，一部电影中可能出现多种视角的情况。

VR 纪实电影《来自底特律的马歇尔》让观众通过阿姆的眼睛观察底特律。在这部 21 分钟的电影中，观众将像阿姆一样体验底特律的一切。

蒙太奇是传统电影中最重要的艺术表现手法之一。蒙太奇需要通过剪辑、排列各种镜头素材来实现，是导演思维的最核心体现。在虚拟现实导向下，蒙太奇作为典型的第三方视角下的手法，其应用受到第一视角的制约。传统的蒙太奇是以不同镜头之间的先后顺序来组接出某个可让观众自行体会的隐含意义，镜头本身以第三方视角为主，因为这是让观众体会的“对象”，而观众的意识应该是独立于观众之外的存在，这样观众才不会将自身的意义叠加到蒙太奇的意义之上。在以第一视角为主的元宇宙电影中，电影的沉浸感是主要的吸引力所在，这个场景对观众的“解读能力”要求并不高，许多场景是连续的，而非分散的；是明示的，而非暗示的；是表象的，而非内涵的。这也是前述对观众的主观能力的一种隐含消解和弱化。在传统电影中，蒙太奇作为彰显导演思维和世界观的手法，起到的说服作用是潜移默化的，即在导演的诱导下，观众自我感觉是他们自主生成的对影片的理解；而在元宇宙电影中，蒙太奇的表现手法受到了制约或发生了变革。主观视角的画面具有镜头连续性，蒙太奇需要镜头切换，对于主观视角来说，镜头的切换必须要符合观众的心理，符合观众的理解，相当于人目所能及的内容和事物的时空跳跃。一旦打断了连续性而内在逻辑欠缺，元宇宙电影的蒙太奇将会导致理解的混乱。

3. 元宇宙电影：并非电影的终极形态

按照目前人类的接受能力、接受方式，虚拟现实技术在电影中的应用还需要很长一段时间才能完善。虽然元宇宙电影的沉浸感、互动感是传统电影无法媲美的，但设备负担、个体适应等负面因素还需要进一步改善。同时，虚拟现实技术的优势方面所能契合的电影类型也可能有一定局限性，即对于不那么需要沉浸感和互动感的影片类型，虚拟现实技术反而是一种负担。总体而言，在很长一段时期内，元宇宙电影很有可能与传统的电影共存。但这种共存并不是对传统电影没有影响——至少从市场而言，传统电影的份额将逐步被蚕食。

我们回到问题的原点，即电影作为一种比拟文学、游戏的娱乐形式，最终满足的是人的精神需求，而人的精神需求实质上是对情感、对刺激的需求，这种需求在不同的娱乐媒介上获得的反馈是不同的，所以，就目前这个现实而言，各类文学形式、娱乐媒介之间并没有相互替代，而是逐步融合、份额或增或减的关系，媒介形式革命是在同一种类下的升级换代，而非跨媒介的取代。例如，黑白电影被彩色电影取代，留声机被多声道音箱取代，20 世纪 70、80 年代的红白游戏机被现在更高端的游戏机取代，等等。一种媒介被完全取代，只有当其功能被完全包含在新的媒介之中才能发生。例如，MP3 被 MP4 取代，MP4 被智能手机取代。MP3 是纯音乐播放器，而 MP4 是音乐和图像、影视多媒体播放器，而智能手机除此之外还能进行人际沟通。这些功能的叠加或曰融合，带来了新的媒介。智能手机是 MP3、MP4、手机、电脑的融合体，是当今每个人都不可或缺的沟通和娱乐工具。古老的媒体如壁画，一直到今天仍然存在，其本质是一种艺术性的视觉平面，其形式则转变为油画、外墙画、壁刻、涂鸦等；莎草纸上的手写文字、雕版印刷与今天的机械活字印刷、数字化印刷并无本质上的区别，都是二维的、以文字这种抽象形式表达的信息；而画面则是以图案进行具象表达的信息，其代表媒介在今天则是电影和电视这样的平面大众娱乐工具，也就是说，传递直接的具象信息的媒体变得最为强大，直到元宇宙媒介的出现。元宇宙媒介提供了第三维：空间。这个空间并非平面空间而是立体空间，平面空间的信息无法提供“触觉”，不论何种信息都不能提供基于平面图像的空间信息。而元宇宙媒介的立体化则提供了这样一种可能，在二维的基础上，进行了立体化。这种立体化不仅是可观察的，更是可触摸的、可互动的。但是我们并不能说这是一种创新。古老的雕刻、现代的盲文都属于触觉媒体的一部分，但元宇宙媒体提供的是虚拟触摸、真实互动，即触摸的是虚拟空间内的物体，它们在现实中并不存在，但这一触摸的动作可以触发影响虚拟空间的事件，甚至影响现实空间。

电影这种娱乐形式在元宇宙之下出现了新的特征。这是一些激动人心的特征，但还不足以完善到完全替代传统的电影形式，也并不是电影作为一种影响广泛的媒介的终极形式。至少在一个很长的时期内，元宇宙电影和普通电影互相渗透、影响，作为人类不同的娱乐选择仍将共同存在。

元宇宙中的电视

电视与电影相比，在传播形式上都是平面的动态视觉模式，是以快速切换的（超过 1/24 秒）静态画面来传递运动景象的结构。但由于传播渠道的区别，形成了它们在传播内容上的巨大的差异化。电视的传播渠道是家庭或个人终端，个人化、家庭化、私密性强；电影的传播渠道是影院，具有公众化、仪式化、社会化的特点。虽然个人终端也可以作为电影传播的一种渠道，但其并非电影的主要特征，其也不能完全发挥电影媒介的优势，这种情况下更多地将其视为电视的娱乐功能复合。此外，传播时间也有重要差异。电视是全天候 24 小时不间断传播，而电影则是特定时间传播特定内容。电视的内容包罗万象，作为人类日常生活的重要信息来源、一种工具；而电影通常只是单纯的娱乐媒介。电影和电视这两种形式相近的媒介，在人类社会中扮演的角色却有很大差别。尼尔·波兹曼的《娱乐至死》就是对以电视为代表的媒介的一种批评，其实相对于电影的纯粹娱乐性质，电视倒还具备更多的社会和文化价值。奇怪的是，学者们在这个问题上反而给予了电影更多的宽容，将其作为一种特殊的艺术形式进行研究，而电视由于其多元的内容反而成为文化学者和媒介学者的批判对象。

在元宇宙环境下，电影和电视的传播渠道差异，通过头戴式显示器或其他个人化显示终端得以消除，人们体验元宇宙电影的同时与体验元宇宙电视都在同一媒介中进行，显示屏也统一为虚拟现实设备中的屏幕，元宇宙电视观众和元宇宙电影观众实际上都作为虚拟现实设备的受众，两者合二为一，只是在电影和电视节目内容中存在差别。不过这种差别的界限随着媒体界面的合一也变得模糊起来，例如，虚拟现实设备的电影在播放中也可能发送突发新闻消息给受众。我们之前所作的电影和电视的分类，很显然受到影院观影模式和收看电视两种方式的不同的本质所左右，首先是电影大画面、强音响、富色彩所提供的震撼性超过电视，其次是这种大画面、强音响、富色彩的刺激方式无法在家庭中实现从而使得影院观影具有一种仪式化的特征，也导致电影工业的投资大于电视工业，因而电影内容收费、电视内容免费。这两个媒介的特征差异，可以说是两者后续一系列的工业化差异和消费模式差别的根源。现在随着虚拟现实设备界面合一，两者的特征差异减少了许多。

从本质上说，电影和电视都是通过显示屏来显示视觉动态画面，即使在元宇宙环境下，在可穿戴头盔中也是通过两块平面显示屏（与左右眼各自对应）来实现将平面图像转化为立体图像，并通过大范围遮罩视域来获取沉浸感效果。这种本质的不变，基于人类生物眼睛的接收方式，也就是在同一个元宇宙界面下，我们可以选择电影或电视内容，媒介的形式统一了。在统一的媒介形式之下，屏幕所显示的内容成为区别电影和电视的唯一标志。换个角度说，在元宇宙媒介中我们已经没有用“电影”概念来进行媒介类别的区分，而仅仅用于对媒介内容的区分。不管是传统的电视内容还是电影，在元宇宙媒介中只需对内容的性质进行区分，例如电影、电视剧、综艺节目、纪录片、新闻、直播、讲座等，原来传统意义上的电影媒介，被“降格”为虚拟现实节目类型的一种。而电视的节目类型基本还是可以保持不变，原因是电影的影院观影模式被打破，而电视的个人观看模式仍得以保留，故而电影融入了电视（对于元宇宙媒介来说）。虚拟现实设备的穿戴方式与其他媒介的使用方式有着重大区别，这种区别也使得电视产生与普通电视不同的特性。

1. 电视作为工具媒介

作为一种大众媒介，电视的工具性体现在：以电视为工具，前所未有地建立了一个公共空间和舆论平台，在这个空间内，受众不再是松散的集合、低效率地交流，而是能够对新闻和事件迅速地做出反应，并进行讨论和修正。虽然理论上任何媒介都具备这种构筑公共空间的功能，但从未有媒介能像电视媒介这么明显、这么高效。电视出现以前的公共舆论空间以报纸和书籍为主，它们作为公共空间的缺点很多。

首先是信息的传播速度。报纸，即使是日报，也只是单向传播的速度即信息向受众传播的速度，受众对媒介的反馈要延迟很久才能出现在这个空间内，这种低速度的信息互动使讨论无法形成。因为一个公共议题能被讨论的时间和空间是有限的，以新闻事件为核心，新的议题不断出现，如果信息互动的速度过慢，则一个议题尚未被完全讨论完，公众未形成统一的意见时，它便被新的议题掩盖了。书籍更是如此。广播本身的媒介形式尚可，而且具备直播的条件，理论上能够快速地形成话题的互动，但同时期出现的电视更为吸引受众，而且广播的反馈必须结合电话这个快速的媒介形式，而电话并不普及，受众采用更多的媒介反馈和信息互动手段仍然是书信。书信的慢速和广播的快速形式并不匹配，这就影响了广播作为一个公众平台的影响力。

其次是刺激程度。电视的视觉效果对于人的刺激远大于单调的听觉刺激，电视提供更多的细节——相对于印刷和广播媒介——它完全重现了我们作为一般大众的日常生活空间，而非文字和声音所带来的模糊印象。看到电视画面即相当于目睹了社会事件；我们的情绪令我们直接参与了社会事务，它是直接的媒介，无论受众的文化程度、收入，其反映的就是“现实”本身。印刷文字、声音需要受众的想象力和个人经验相结合去产生信息，这就耗费了更多的精力，拖慢了信息传播互动的效率。而且印刷文字更多附加了信息传播者的情绪；广播又不利于描述客观场景，这令受众有一种被控制的感觉，即“我”的意见受到他人影响、操控；受众更可能对文字或声音产生排斥感。所以即使与广播媒介同时诞生，但电视对普通人的吸引力更大，其普及速度更快，占领了公共空间的主导位置。无论是草根还是精英，电视成为他们认识世界的客观方式。公众空间的集聚性——参与者的数量又反过来影响着舆论平台的影响力，所以电视作为公众空间和舆论平台的地位逐渐被强化，成为主导媒介。

广播虽然也具有内容多元、传播迅速、阶级包容的特点，但其与电视同时诞生，却不具备电视的刺激程度，所以被电视媒介“比”了下去，未能占领人们生活空间的核心。

电视的工具性主要是指其通过焦点事件的视觉呈现、现场直播、公众讨论来构筑社会空间。这里的社会空间是指人们感受到自身不仅成为日常生活，而且成为更广阔的世界即公众的一分子参与互动行动，例如，加入时事讨论、行动以表示支持或反对的态度。这种个人在媒介构筑的舆论环境下自发的集体行为，构成了社会演变的动力。当然我们并不是说在电视出现以前的大众媒介不具备类似的功能，只是在电视这样的媒介出现以前，以印刷文字媒介为主导的信息环境是一个松散的联盟，其与受众之间的互动效率远远不及电视主导之下的电子信息环境。因此在电视出现之前，重大事件并不能引起公众的迅速瞩目，而是在后人的评判中逐步凸显出其历史意义，决定其历史地位，缺乏公众参与度。缺乏公众参与度的历史事件是一种学者视角、精英视角的历史，它不是以卷入人数来衡量历史，而是以逻辑，即承上启下的事件之间的关系来推理历史。可以这样说，在电视媒介介入公众，尤其是以草根为代表的普通受众的生活后，公众参与对历史的推动作用更为显著。例如阿波罗登月所激发的美国民众长久的科技学习探索热潮；9・11 事件现场直播式的震撼带来的全球性恐慌、震惊以及后续的出兵阿富汗、制定打击恐怖主义的重要法案——《爱国者法案》都获得了较大的民意支持，应该说，其中电视传媒的现场性带来的情绪化和非理性思潮功不可没。

VR 电视流媒体的先驱 NextVR，其最初的目标是成为一个下一代娱乐直播平台，观众可以在虚拟现实场景中的第一排座位上观看各种体育、音乐、舞蹈和其他类型的活动。该公司成立于 2009 年，拥有大量的 VR 技术专利，后于 2020 年 5 月被苹果公司收购。

电视直播的迅捷特性，可以在新闻事件发生后、尚未结束时聚拢受众，或通过预告新闻大事的发生聚拢受众，受众参与新闻事件便构成了一种仪式化的公众活动，类似原始人围着篝火跳舞。电视媒介的这一属性在影响人类历史的重大事件中，扮演了无可匹敌的角色。前述的阿波罗登月（预告性参与）、9・11 事件（突发性参与）等即为代表。

电视的告知功能是从其内容中的新闻这一类别衍生出现的，电视单一的形式本身并不限制其功能的多样化。以报纸为代表的印刷文字新闻在信息传播的及时性上不及以电视为代表的电波媒介，但在内容上信息的意义差别不大，本质上都属于向受众传递与其现实生活相关的最新发生的事实。不同的是告知的形式，电视媒介新闻与其他媒介新闻相比，最大的优势毫无疑问是细节的具体化。人的视觉优势在电视新闻中得以发挥，文字新闻给予人的感觉是意犹未尽、模糊不清的，即使再多的文字描述也不及一幅画面给予人的信息更直接和精确。电视的及时性又根源于电波的物理特征，其大大降低了空间和时间对新闻信息的速度制约。精确和快速，对于人们认识环境具有至关重要的意义。精确意味着人们对环境的变化所做出的决策是准确的，快速意味着人们对环境的变化所作出的决策是及时的，这两者对受众的利益最大化强于其他媒介。所谓告知，其本质是信息传播对受众的环境的及时和准确的描述，人的生物性决定了人必须客观认识世界，及时响应变革，争取利益最大化，因此在告知功能上，电视新闻强于其他文字媒介新闻。

电视对人们常识的教育，与告知功能相似。但告知功能偏向新闻即环境信息传播，以满足个体的生存需要为主；而常识的教育既有满足个体需要的意义，也有对社会整体、对维护人类作为生物群的意义上尤为重要。常识者，为人类长期繁衍生息所保留的习俗和约定俗成的习惯等一系列知识。掌握常识，可以提高人和人之间交往、人和世界之间互动反馈的效率，知识的积累是通过个体传递、物质保存实现的，知识的更新速度较新闻更慢，包含大量传统的、系统的信息内容。电视对知识的传播，相较印刷媒介，也更具有细节丰富、音画多媒体、生动吸引性更佳的特性。由于电视的覆盖面广，其对常识的普及可以在瞬间覆盖大量群体，相比文字媒体而言，效率尤高。

舆论的引导、伦理的维护。电视由于聚集了大量的受众，又具备丰富的细节表现能力、较高的传播效率，因此其对舆论的引导可谓史无前例的强大。事实上，在电子媒介出现以前，由于印刷文字媒介的传播效率低下，当时的“舆论”概念和今天有巨大差异。今天的舆论是一种快速变化的言论集合体，这个集合体位于种种媒介构成的场中，并随着媒介对环境的反馈、传播者之间的快速互动而不断变化，直至和环境相适应，才渐趋稳定。而印刷时代的舆论的概念和文化相类似，都是基于纸质这一缓慢而相对小量的媒介，持有不同观点的传播者之间不能有效地交换意见，不能互相快速反馈，也缺乏讨论的平台（不论是物质的还是意识上的集合体），因此舆论的概念只反映在纸面上，而非跟随着传播者互动。文化，在印刷时代是一个相对稳定的概念，也可以称之为“固化”的舆论，它们都通过印刷媒介在不同的传播者间缓慢互动。电视媒介中的文化和舆论则有着明显的分野：文化是一种对社会、民族、伦理、自然等一切主客观概念的认识，具有稳定性；舆论则是快速变化的对上述概念的集合信息交换，具有不稳定性。人类种族的繁衍离不开伦理的维持，其具体表现就是舆论的产生、碰撞和安定状态的获得这个过程。伦理（包括道德观念）不断受到具体事件的冲击，具有较大影响力的事件、媒体选择呈现的事件往往是具有伦理讨论的价值的。事件发生后，舆论一般会对其有所评论，这种评论发自于社会个体或社会组织，评论的本身又引发其他传播者的思考和反馈，媒体通过发布这样的信息互动过程，并将结论呈现给大众来实现对伦理的维护。也就是在一个具有大众影响力的平台下进行观点的交锋，并得到最终为大多数人认可的结论——虽然这个结论是由媒介暗地操控的，媒介可以根据自己的标准来选择终止或继续话题，但多数情况下，媒介本身必须遵循一系列普遍认可的价值观，否则媒介本身的公信力会逐渐丧失。因此，我们不用过于怀疑媒介对舆论的引导和伦理的维护功能，电视媒介的大规模、细节客观报道更增加了其效力。印刷时代的舆论和伦理必须由教育传播到个体，再由言论精英、政府或民间的知识分子即具有话语权的个体来维护；而电视媒介就可以直接向大量受众传递更易于接受的价值观，这种媒介的能力是前所未有的。

电视的工具性体现在对常识的传播、利用新闻对环境的变化进行监控、引导舆论等方面，这是电视与电影具有相类似的形态、但在功能上却差异较大的原因。电影在电视上播放的时候，只作为电视的内容类型之一，从这个角度，电影是被电视囊括在内的。但由于电影观影模式还是以影院观影为主（当前），这也是整个电影工业的基础，故而电影仍保持了其相对独立的地位。只有当电影观影模式发生改变，才可能导致电影作为媒介类型的消失，而彻底转化为电视的内容类型之一。

2. 电视作为娱乐媒介

电视的娱乐性质也较电影更为复杂。当代电影有许多细分类型，如好莱坞电影、宝莱坞电影等按照生产地理和风格类型划分；如微电影、大电影等按电影投入、时间长度等标准划分；按大众电影、艺术电影等主题划分。但这些划分基本上跳不出以虚构的故事、人物来开展情节的内容模式。电视娱乐则更为多样化：综艺、戏曲、歌舞、相声、小品、讲座、旅游、美食、带有娱乐性的文化节目等，而且其中的每一种节目形式都可以进一步细分为更多的类型，而且电视的娱乐节目还在不断变化之中，新的节目形式还在出现，许多节目属于混合性质，已不能简单地划分为某一种类型了。例如，中央电视台的“鉴宝”栏目，既具有娱乐性质，又具备一定的文化教育功能；又如“我等你”寻亲栏目，既具有社会服务功能，又具有精神安抚功能；等等。总之，电视的娱乐性质和其他性质——社会服务、新闻信息、科学普及、教育教化等混杂在一起，呈现出更为多元化的复杂分类。

美国文化学者尼尔·波兹曼的著作《娱乐至死》从一个新颖的观点揭示了电视对人类生活从印刷文化过渡为电视文化的重大调整，她认为电视通过将所有严肃事物娱乐化的方式解构并重现，这改变了公众话语平台——既改变了公众舆论的内容，也改变了公众舆论的意义，电视实际上用娱乐化的方式重新定义了公共舆论中的一切事物。波兹曼对此现象是持负面态度的。这无疑也是一种精英文化失落感的体现。确实，印刷文化通过文字这一抽象媒介，为精英和草根设立了不可逾越的界限，在其他更先进的媒介形式出现之前，印刷文字是唯一的权力媒介，它保障着精英对公共话语的控制，实质上控制着整个社会的资源和再分配。但电视媒介对印刷文字媒介全面压制的技术先进性打破了精英对话语权的垄断，通过运动图像这一浅显的、生活化的再现方式，人人看得懂、人人喜欢看，电视的话题热度、参与度超越了报纸和书籍；人们不再以精英的话语为旨要，而转向听从电视，甚至逐渐可以批评媒介；普罗大众与舆论平台之间的藩篱终于消弭，媒介不再是高高在上的神圣不可侵犯的权力代言人，而变成了草根的武器和意见集合流转之所。不过正如波兹曼论著所建立的理论架构所叙述的实质观点一样，娱乐化并非单纯的娱乐，而是对社会观点、公众伦理、人类文化的一种阐释方式，在娱乐中传播的不仅是娱乐，也包括严肃的内容，但这种内容的表述方式可能更为大众，更容易被草根平民接受。同时这种叙述方式消解的是统治阶级、知识分子通过印刷文字建立起来的无形的文化特权，使草根事实上获得了与他们对话，甚至批驳、蔑视他们的权利，故此必然会导致精英的不满。因此，娱乐化本身并不是过错，只有单纯的娱乐才有可能使人类陷入纯粹物欲和空虚。我们应该避免一种单一的感官享受论，但不应该排斥引发大众权利提升的娱乐化文化背景。

电视的娱乐化和它的教化、伦理功能混杂为一体，这是我们应该着重强调的。我们把焦点返回元宇宙。虚拟现实功能对电视娱乐功能的提升具有一定意义，体现在：个人终端式的可穿戴设备中的影像能给电视受众提供更高的沉浸感、现场感和互动乐趣。传统电视的优势在虚拟现实设备中得以继承——画面写实、音画俱备、细节丰富、传播迅捷等特性，在元宇宙环境下同样存在，而且由于沉浸感的出现而更为强化，元宇宙的沉浸感对于电视节目的观赏性有一定作用，可以令观众获得更为逼真和更深刻的情感体验，例如综艺节目中，虚拟设备可以令观众如临现场。但是虚拟现实设备也带来了一些累赘和负面效果——由身体负担的设备、较传统电视更为复杂的操控和使用方式、无法与他人共享的观赏方式等。元宇宙电视会否取代传统电视，需要从电视的娱乐性的特点上观察。如前所述的电视的娱乐性和电视的舆论、伦理、教化等功能混杂在一起，并不是电影那样的单纯的娱乐性（注：并非全盘否认电影的教化、伦理功能，而是从电影内容类别和功能比例上大体而言）。电视的这种“非专门娱乐”或者说“混合型娱乐”特点，使得电视媒介的视觉冲击力和感官刺激度无须达到电影的级别。换个通俗点的说法，电视不必像电影一样刺激，分分秒秒抓住观众的注意力，而更多的是一种休闲娱乐媒介、泛娱乐媒介。休闲娱乐的种类大体上可分为刺激程度高和刺激程度低两种。前者如观看动作电影、坐过山车、蹦极等剧烈运动；后者如观看电视剧、综艺、歌舞、打太极拳等。这不需太多的科学论证，不过是我们从生活中得到的常识。除了电视娱乐的内容外，电视娱乐的形式也影响了其内容的刺激程度，同样一部激烈的动作电影，在电视的小屏幕上放映效果当然也不能和电影相比。虽然虚拟现实设备令电视娱乐的刺激程度得到提高，但总体而言，元宇宙无力改变电视作为人类生活的“功能性”媒介特征，对电视“娱乐性”的刺激程度的提升也较为有限。因此我们可以推测，元宇宙给电视带来的变化远没有元宇宙电影的改变那么大。元宇宙电视作为娱乐媒介，有可能与传统电视共存在消费领域。

3. 元宇宙和电视的融合

元宇宙与视觉媒介的融合，代表着视觉媒介向“视觉 + 体感”媒介的进化，从此人们可以与环境进行类似真实的互动。这种互动更多地与环境信息交换相关，而与视觉信息的关系变成了中介。在电视等平面媒介中，视觉信息就是最终的信息，人类依赖视觉信息与环境互动；在元宇宙媒介中，视觉信息既可以是最终信息，也可以是中介信息，作为中介信息的时候，视觉是为了反馈触觉、身体动作等基于物理空间变化而出现的信息而存在的。元宇宙与电视的融合，带来的必然是空间触觉、沉浸感的媒介交互界面。现在我们应该思考的是，这种界面会对现有的电视节目类型带来何种改变。以下就几种主要的电视节目类型进行分类分析。

元宇宙和电视新闻：电视新闻原有的特征是现场感强、可信度高、传播速度快，相比平面媒体新闻，更具有感染力和说服力，更能调动观众情绪。在新闻中加入沉浸感，可以使观众具备和出镜记者、摄像师一样的视觉画面，加深现场感；但触觉传递比较复杂，考虑到新闻成本，可能不会流行，而且新闻事件中触觉似乎并没有太大的实用价值。对于观众来说，可以更“设身处地”地感受新闻事件主人公的情绪、理解他人和事件。但一则新闻如果不能客观报道或带有倾向性的时候，元宇宙新闻也会强化其倾向（通过更强烈地感染受众）。

此外，新闻一向以真实性、及时性为原则，电视新闻通过电波传播保证了及时性、通过视觉图像记录保留了真实性，故而得到了观众的认可。潜在的流行因素还有被动性，受众在观看电视时普遍感觉“不费脑”，不像文字媒介那样需要受众进行思考。元宇宙的电视新闻需要拍摄多角度环境，在某些突发事件报道、灾难报道等现场感强的新闻中具有利用价值，但对于事件深度报道、人物访谈等不强调现场感的新闻则没有太多用武之地。

元宇宙和电视综艺节目：综艺节目的种类很多且尚在不断变化，缺乏可行的严谨分类。传统的如歌舞、相声、小品、杂技，近年出现的较新的综艺类型包括真人秀、选秀、情感类节目、文化类节目，等等。总体而言，综艺节目的形式是以娱乐为主，而且不需要用户过多参与，也不强调及时性，而重点在于是否对观众胃口，娱乐程度是否够高，能否有大量流行的“看点、笑点、泪点”。节目观看后应予以观众轻松、愉悦感或负面情感（如他人的沉重感或悲伤感可以反向映衬受众自身的幸福感）；大部分综艺节目并没有强烈的现场感，对视觉要求不是十分突出。

元宇宙和纪录片：电视纪录片是一种具有较高社会价值和精神价值、有一定娱乐或教育意义的纪实性电视作品。根据不同的传播目的，任何人或事都可以作为纪录片的记录对象。例如，中央电视台就有多个频道有纪录片栏目：反映动物和自然的《人与自然》，反映乡村生活的《金土地》，反映军人生活的《军旅人生》，各类带有纪录性质的栏目如《今日说法》《第一书记》等。纪录片属于电视节目中的重要类型，通过纪实或半纪实、伪纪实的手法来使观众获得关于这个世界的其他人或事的信息，从中获得教育、体会经验或释放情感。相对于其他节目类型，纪录片贵在“真实”和贴近生活的一面。元宇宙与纪录片的融合主要在于视觉效果要求较高的领域，如旅游、风光纪录片、科教纪录片等。因为元宇宙技术的沉浸感需搭配视觉效果来达到令人如临其境的真实感，在没有声音和画面刺激下，不存在独立的沉浸感。沉浸感是基于视觉和听觉（主要是视觉）的次级感受。旅游、风光纪录片应用元宇宙技术可以很好地将受众融入现场，使受众体验到近似现场的景色；科教类纪录片采用元宇宙技术可以更有效地阐明所说明事物的原理、特点和运动规律等较为抽象的概念；像《人与自然》一类的纪录片则可以使人类在前所未有的近距离和角度去观察自然。这些是现实生活中不可能实现，而平面影像也无法完美做到的。

元宇宙技术和电视剧：传统电视剧与电影同为以视觉方式呈现动态故事情节的艺术形式，区别在于观影方式不同而造成的一系列差异，包括视觉效果的差异、行业产业链差异、成本差异以及时间长度的差异。传统的电视剧始终在视觉效果上无法与电影相匹敌，同时成本较低、播放时间长，故而更注重情节的充分发掘和展开，与电影的快节奏、紧凑剧情不同。总体上，传统电视剧的视觉效果随着技术发展和市场竞争在不断提高，但对于虚拟现实设备中的观赏而言，视觉效果并不是其主要卖点，但也存在成为重要的提高电视剧娱乐性的辅助技术的可能。电视剧的元宇宙应用可以提高视觉效果，同时也会提高电视剧制作成本。

电视剧的时长比电影高几倍乃至几十倍，成本上不允许采用太强的视觉效果，大部分电视剧以情节为娱乐性的着力点，而非特效，故传统电视剧的元宇宙应用也是有限的。不过，一种新的元宇宙电视剧类型可能出现，其并不在公众电视上放映通过收视率吸引广告盈利，而是在收费频道或者以消费者直接按需购买的形式播出。这是由元宇宙内容的高成本决定的。传统的广告无法支撑元宇宙电视剧，但收费频道和个人消费渠道有可能实现。在市场自由调节作用下，一部元宇宙电视剧有可能获得部分人群的追捧购买而盈利，这可以避开电视台的渠道限制。这种形态下，可以产生以元宇宙体验为卖点的电视剧内容。但这并不意味着电视剧中会有大量的视觉刺激，毕竟电视剧还是以叙事为主，很难想象一部从头到尾以视觉刺激为主的电视剧，除非完全抛弃情节的体验内容，那又脱离了电视剧的概念。

4. 元宇宙电视与传统电视的分离

电视的公众播送的信息发送方式和元宇宙的个人信息接收方式有一定的对立，观看传统电视的受众和观看元宇宙电视的受众不在同一环境内，节目内容播放于传统电视上没有优势，观看传统电视内容也无须佩戴虚拟现实设备。因此，专门的元宇宙频道可能出现，这就分离出不同的电视内容，类似于今天的高清电视频道，都是以技术和需求催生并区分的。如此，元宇宙电视频道将单独成为一个产业链，从制作到销售播放都独立于传统电视。至于这个产业机构是从传统电视台中衍生（和高清电视类似）还是独立于传统电视台，还要依赖于市场的规模。另外一个问题是元宇宙电视向传统电视转化的技术和效果，也影响到元宇宙电视机构的独立与否。举例来说，当前的高清电视频道，在高清电视机上可以收看高清节目内容，在普通的非高清电视机上也可以作为普通非高清节目内容播出，两者的本质差异不大，只是图像清晰度存在区别。而元宇宙电视画面虽然是由平面画面转化而来，但元宇宙电视能否转化为平面画面以及转化后的效果如何，在很大程度上决定了元宇宙电视频道是否会作为电视台的一个独立频道播送，抑或是完全独立于传统的电视体制外。

传统电视的休闲性和虚拟现实设备的沉浸感、较高视觉刺激性有一定对立，人不可能长时间处于接收强刺激的状态，故传统电视不会被元宇宙电视取代，元宇宙电视最终的落脚点，可能是具有休闲性质或教育性质，同时需要视觉强化的电视内容。当人们需要更强烈的刺激时，元宇宙电视并非首选，而会追求元宇宙电影、游戏等；传统电视的休闲属性、低卷入、低互动特征并非其缺陷，在信息过载的环境下反而成为一种稀缺属性，对受众具有不可替代的价值。

小结

电影和电视都是基于平面视觉和动态画面的媒介，在不同的受众接收模式下，两者都发展出了相对独立的产业链，包括硬件和内容制作、盈利和播送方式等。元宇宙与这两者在未来的结合，也将呈现不同的路线。传统电影单一的娱乐本质注定了其向元宇宙融合的命运，而电视功能的多元化和传播渠道则使元宇宙技术影响不大，但在社会互动层面，元宇宙增强的视觉刺激可能给电视的传播效果带来提升，即强化电视媒介的观点或潜在态度，更易于左右和影响受众。对于电影来说，元宇宙是形式的变革，对于电视而言，元宇宙是性质的变革。作为传播学的研究对象，一直以来电视的媒介意义要大于电影，元宇宙对两者的影响大小不同，也证明了具有复杂功能和结构的媒介更难以被融合，而功能较为单一的媒介则更容易被同化或取代。

传统的电影和电视都缺乏互动性，这导致元宇宙在两者中的作用有限。元宇宙的沉浸感可以强化影视的视觉效果；但元宇宙的互动性特征应用在电影中需要更高的成本，在电视中则相对缺乏用武之地。但这并不能否定元宇宙技术对于构筑全新社会交往空间的重大意义。元宇宙技术的媒介革命更多地体现在其对人与人、人与自然之间的互动关系上。元宇宙并不是一个可以用媒介二字概括的概念，而是类似互联网，是基于技术但核心在于互动性的媒介融合体。

元宇宙和电子游戏

游戏，是人类与生俱来的本能之一，或者从更大范围来看，是动物与生俱来的本能之一。游戏是动物界中常见的现象，无论是人还是动物，都有自发性的嬉戏玩闹行为，这就是最简单的游戏形式。略为复杂的游戏带有规则，往往是一种竞赛性质的活动，例如篮球比赛。更为复杂的游戏是开放式游戏，例如开放式结局的电子游戏“GTA”“我的世界”；人类社会的各种政治经济现象都可以用游戏的核心理念来解释，甚至以整体人类社会为游戏场所的、没有结局的、游戏参与者是全体人类即生活或生命的另一指称。可见，游戏与动物的交往互动能力不可分裂，游戏中至少有一个以上的主体——人或生物，当主体与其他主体或自然界进行互动，才能产生游戏行为。游戏是动物具备的能力，只有动物具备与现实世界互动的能力，这是生物性的本质所决定的。此外，游戏也是从生理上令动物提高肢体和脑部互相协调能力、大脑认知能力的一个重要手段。神经生理学、认知发展心理学、分子生物学等领域的研究成果都已经表明，游戏行为可以塑造大脑、稳定情绪、创造能力。动物的感官、肢体通过游戏行为可以学习世界的规律，这可能是游戏最大的实用性。

从心理学和动物行为学上看，游戏是一种自愿自发的、本质上属于有积极性的行为，它们通常与消遣、放松、娱乐等目的联系起来。游戏除了在动物中很常见之外，在人类的婴幼儿和青少年时期尤为普遍；而在成年人中，游戏也是一种有用的行为。游戏行为的重要性在许多心理学者眼中，作为人类的本质属性之一，对人类的发展有着重要的促进作用。但是，游戏在人类的负面认识中，往往又被视为一种轻佻和无聊的行为。游戏包括许多种类型，比如体育运动、比赛，其实都属于游戏的一种。但是体育比赛有着结构化的形式，属于有着强烈的目的性的游戏，它们和轻松愉快的甚至是无意识的消遣性游戏存在区别。但是人们往往会认可前者，而否定后者。譬如将体育描述为健康的、有益的、荣誉性的；而在街头巷尾闲逛、发呆等活动则被描述为“无所事事”等。实际上，不论何种形式的游戏，其不仅是一种消遣，更是在人类生活的多个方面都可以发挥重要的作用，包括心理压力的释放、自我认知、社会教育和交往技巧；从宏观层面讲，游戏对于充满压力的世界具有消除矛盾的整合作用，可以令人类世界更和平地发展。

对游戏的系统学术研究著作，始于荷兰学者约翰·赫伊津哈的《游戏的人》。这本出版于 1944 年的文化历史领域著作，第一次对游戏在人类文化历史中的意义和作用进行了严谨的分析。

在此之前，游戏并没有作为一个学术研究对象出现。约翰·赫伊津哈将游戏的一些重要特征进行了明确，并对游戏和文化的关系进行了重点研究。他认为，游戏是文化的酵母。我们可以理解为游戏是具有具体规则、形式和参与者（人）的自发活动，文化是抽象的、缺乏具体特定规则和形式的概念，游戏构成了文化的一部分，甚至可以说是其起源部分，游戏所反映的关系就是人与人之间的关系，只不过这种关系是在特定范围内的；文化则是更大范围的人与人之间的关系，两者具有类似之处。约翰·赫伊津哈把游戏的概念扩大到了一切人类的重要领域，如宗教、经济、政治等，他认为在这些严肃的社会生活领域中所体现的也不过是游戏的一般冲动。这种扩展性的思维，颇类似于麦克卢汉的泛媒介论，即将任何人类社会领域概念视为具有媒介性质的事物。实际上，麦克卢汉认为游戏和娱乐活动在当代所获得的新意义的源头之一就是约翰·赫伊津哈的这部著作，强调了其在游戏文化研究上的起源地位，同时确认了游戏在人类发展中的重要本质。

20 世纪 50 年代，法国儿童心理学家让·皮亚杰针对儿童的游戏行为，提出将游戏分为象征性游戏和规则性游戏两类。前者例如“过家家”的儿童游戏，将身边的事物代替成人世界中的事物，将儿童自己模拟为不同的成年人角色，这是一个认知和情感投射的行为；后者如中学生进行的篮球赛，以规则为戒尺学习服从和适应社会功能。两种游戏的主要功能是令儿童、青少年学习成人社会的人际互动方式，顺应社会，为融入成人社会做准备，是一种心理成熟和社会化的手段。而愉悦和消遣效果仅仅是游戏的副产品。

1961 年，法国社会学者罗杰·凯莱斯（Roger Caillois）在 *Man, Play and Games* 一书中，同样以游戏的框架对人类社会进行了阐释。在赫伊津哈的理论基础上，凯莱斯将游戏的形式更详细地划分为 4 种类型：竞争、机会、扮演、眩晕。他认为，现实中的任何具体游戏都是这 4 种类型的互相组合。同时，他提出了游戏的 6 个核心特征：非强制、与日常生活分离、结果不确定、非生产性、有规则、参与者共同的想象空间。此外，他还把人类文化的不稳定性归因于有规则游戏和嬉闹性游戏的两种状态之间的互相影响等。

1987 年，美国纽约大学学者詹姆斯·P. 卡斯出版了一部具有广泛影响的书《有限与无限的游戏》。作为一名无神论者，卡斯在这本书中认为游戏有“有限”和“无限”两种类型，所谓有限的游戏，在卡斯看来是会结束的，有着明显的开始和结束，其结束的标志就是某一方获得规则规定的胜利，如体育比赛、战争、辩论；而无限的游戏则是持续的、开放的、不会结束的，其目的就是游戏本身。万一出现游戏接近结束的状况，那么游戏规则会改变，以保证游戏的延续。无限游戏只有一个实例，那就是生活、生命本身。卡斯以这两种概念探讨了人类的性、历史、社会、财富和宗教信仰等各个方面。卡斯认为两种游戏都有规则，规则都被参与者所赞同；然而，规则的意义在两种游戏中各不相同；规则和边界对我们生存的这个人类社会进行着不断的构建。该书强调了一种从游戏参与者出发的非严肃的视角。

总之，人类自认识到游戏的严肃意义以来，关于游戏对人的影响的研究汗牛充栋，已经积累了大量的实证资料。这些资料都证实了游戏不是一种无意义的消遣行为，而是一种具有深刻实用价值的、对人类生命和社会发展至关重要的人类和社会现象。

游戏的分类和电子游戏

根据不同的需要，游戏的分类也可以不同。例如，前述的“有限游戏”和“无限游戏”这种学术性的分类；也可以按照游戏参与者的不同划分为“人类游戏”和“动物游戏”，而前者又可分为“成年游戏”“青少年游戏”“儿童游戏”；如果按照游戏领域不同，还可划分为体育、政治、社交等。游戏的分类并不唯一，只有在特定目的下进行分类才具有意义。在这里，如果将游戏环境的塑造是否有电脑介入作为区分的话，我们可以将游戏分为电子游戏和其他游戏两大类。这样的分类具有何种意义呢？我们知道，电脑是人类科技史上的重大发明，它极大地提高了社会生产力，也在各个不同方面影响着我们的日常生活。当今人类社会的大量事务处理都由电脑来完成。电脑所带来的工业革命式影响已经被确认。正如游戏可以与人类社会的多角度进行融合，电脑也在融合人类社会的各个方面。区别在于，游戏是人类行为概念，而电脑是技术概念。这两者的融合，意味着全新的互动环境的出现。有电脑介入的游戏与其他无电脑介入的游戏相比，具有完全不同的意义，通过这样一种分类，可以在技术影响人类社会和人类行为的变革因素中找到关键变量，更清晰地看出我们社会的未来走向。

电脑介入的游戏，最典型的就是电子游戏。电子游戏可以为游戏参与者营造一个具有特定规则的互动环境。游戏者在这个环境中为实现一定的目标而不断挑战自身或与他人竞争；或实现开放式的、无严格目的性的自我满足行为；或以游戏为媒介与他人进行社会交往。在游戏环境中，游戏者可以选择与电脑互动或与人互动。但互动性并非电子游戏的专属特征，游戏这个概念本身即带有互动和反馈的含义。我们可以想象，婴儿玩耍时，可以对一个简单的塑料球长时间投入集中的精力，将其反复拍打、投掷或啃咬。实际上这种行为利用游戏进行阐述，即婴儿在这种活动当中获得了愉悦，愉悦来自塑料球在婴儿不同的动作影响下呈现出不同的状态，这实质上就是互动和反馈。倘若无此互动和反馈的特征，比如一面墙壁，婴儿只能拍打它，而不能进行其他操作，这就可视为互动的有限性。两者比较而言，塑料球更能获得婴儿的注意力。也就是说，有互动成分——不论是人与自然或环境、与物或与人的互动——是游戏成立的前提；而互动成分的多寡，很大程度上决定了游戏的复杂程度，也影响着游戏者的积极性。这一点也可以从游戏带有不确定的结果这一特征获得印证。

英文中的“游戏”也可译为“games”，即“博弈”之意。博弈本身带有一定的随机因素。游戏的不确定性带来了游戏行为的有意义，也反映了游戏的结果需要参与者的行为与游戏环境、与其他参与者之间互动之后动态地生成，游戏者可以努力实现游戏的某种结果，但不能确保其实现。没有任何游戏从一开始即知晓结果，即使简单如婴儿投掷塑料球的游戏行为，也带有不可控性。对于肢体尚未发育成熟的婴儿，可能某次投掷不成功或投掷方向不合意等，但这并不会影响婴儿继续这一行为和将其作为“游戏”的兴趣。成人之所以不进行这种简单的肢体游戏，可能与成人的肢体能力已经达到完全可控的程度有关。在成人看来，投掷塑料球行为的结果是固定的、一成不变的、几乎不可能出现差错的，这就意味着这一行为已经失去了游戏的价值。

游戏是人的一种行为，这种行为需要与环境、与他人进行互动才能进行，同时需要游戏的场所、游戏的环境或游戏的玩具。在游戏环境中，人可以把自身与现实世界脱离，在心理上构建一个虚拟空间，在这个空间中与他人、与事物进行互动、反馈，完成游戏目标。例如，儿童们常玩的“跳房子”游戏，需要在地面上画出几个方格，构筑一个虚拟的“房子”，在其中只能单腿跳跃。空间的构筑并不是游戏的必要条件，而是充分条件。单一的玩具则不同，例如魔方——虽然玩魔方的时候人是全神贯注的，但魔方并不能给人带来环境和空间构建，因为玩具本身的功能是单一的，是无显性文化意义的器物。游戏空间能激发人的想象，而且有利于多人共同互动。玩具可以看作一个点，空间则是面。点的意义是唯一的，面则提供了更多的可能。在构筑空间上，电子游戏有以下特点。

细节更丰富：电子游戏在构筑游戏空间上有任何媒介都无法媲美的能力。“跳房子”中的空间，是以线条构成，需要更多的想象来获得意义，是抽象的；而电子游戏构筑的空间，以画面、声音、色彩等丰富的信息组合，更为具体而实在。

可变化的游戏结果：对于非电子游戏，很难构筑一个流动的、具有丰富细节的游戏空间。电子空间的特征就是无形、可编程、可控、高效率，传统游戏空间中较为复杂的如游乐场，需要投入大量资金、人力、物力去建筑，而且一旦建成后无法改变，只能实现其预定的游戏功能。

可互动的游戏环境：电子游戏在一定意义上可以变化，可以根据游戏者的不同行为产生不同的反馈，具有更多的不确定性，提高了游戏者的主动性，游戏结果更吸引人。

电子游戏的互动性是它的核心属性。互联网网络传播虽然也具备互动性，但这种互动性并不是网络传播过程的必要条件。网络传播中的受众可以选择参加互动进程，也可以选择作为一个旁观者接受单向信息流的冲击，而不去影响传播过程。其过程的序列性强于共时性，其信息与反馈之间的响应时间比电子游戏长，其传播过程所处的环境不是一个有机系统，受众的反馈信息不一定能有效地影响传播过程，甚至毫无影响。

在麦克卢汉看来，电视是视觉、听觉和触觉能力的综合延伸。视觉、听觉的延伸较为清楚，但触觉的延伸则有些让人费解。对此麦克卢汉的解释为“电视形象的触觉性质最生动的例证之一……用闭路电视教手术时，学生从一开始就报告说……仿佛他们不是在看手术，而是自己在主刀做手术”[①]。可见，所谓“触觉”就是人参与到媒介构造的信息环境中并与之互动的感受。但稍加分析就知道，电视毕竟是再现一个“已发生的情景”，受众并不能真正地参与其中。麦克卢汉用电视这个并不符合触觉概念的媒介来说明触觉的实质，却展现了他对媒介发展趋势的预见性，这种“自己在做”的感受在电子游戏中体现得淋漓尽致。电子游戏需要参与者集中全部注意力，“深度卷入”以及对互动性的极端要求，恰恰符合麦克卢汉对“触觉”的理解，这样一来，结合麦克卢汉的描述，我们可以获得一个由麦氏理论推导出的结论：电子游戏是人的视觉、听觉和触觉的综合延伸，尤其是触觉的延伸。

有大量的实例足以支持这一结论，如电子游乐场中的赛车游戏，玩家坐上仿真赛车，通过和赛车手类似的一系列操作，在仿真的环境中体验赛车的速度感，套用前面所引的话：仿佛他们不是在看赛车，而是自己在开赛车。电子游戏提供的信息环境越来越真实，如在“反恐精英”这款模拟真人视角（第一人称）的射击游戏中，不同种类的枪械其杀伤力、子弹射速、后坐力，甚至弹道轨迹都按照真实枪械设计，拟真度如此高的环境是电视所提供的“触觉”延伸不到的。

---

① 马歇尔·麦克卢汉：《理解媒介：论人的延伸》，商务印书馆2000年版，第405页。

元宇宙：更高阶段的游戏体验

电子游戏在20世纪60年代被发明以来，作为一种使人（尤其是青少年）如痴如狂的娱乐工具，受到了社会学家、心理学家和行为学家越来越广泛的关注。电子游戏所带来的成瘾性，很显然来自其提供的具有竞争性的、互动的超现实虚拟空间，诱使人们在没有任何现实物质回报下孜孜不倦沉溺其中。可以想见，人所能获取的某种精神回报和生理回报在电子游戏中得到了极大满足。根据“使用与满足”理论，人们接触传媒的目的是满足其特定需求，这些需求有一定的社会条件和个人心理起源，在媒介印象的影响下、在可能接触得到的媒介中进行选择，然后开始接触媒介；而接触媒介的结果，影响个人对该媒介的再次接触可能、再次接触的频率及深度。电子游戏在社会大众中的普及要比电视等其他视觉媒介晚，受众数量的持续增长就意味着他们在所面对的众多媒介中选择了电子游戏，并获得了在其他媒介接触中无法获得的满足类型。从生物性的角度来看，电子游戏使大脑生产出更多的多巴胺，使人获得高度的、在其他媒体中所无法获得的、独特的快感。

元宇宙的最初阶段，是作为工业和军事目的工具而出现的，但其受到消费市场的关注，成为大众传媒中常见的高频词，则是以其在娱乐领域的巨大潜力为背景。尤其在电子游戏中，元宇宙的虚拟现实技术可以大大增强游戏的真实感、沉浸感，在更高层次上刺激人的兴奋感。20世纪60年代至今，电子游戏的形式从未脱离平面视觉体系。游戏以画面为表达方式，以机械和电子装置为操控手段，以电脑程序为互动系统，游戏者通过装置与电脑进行互动。大部分电子游戏可以看作电脑提供一个竞争规则，来挑战游戏者；对于网络游戏而言，游戏者除了和电脑程序互动外，还与其他游戏者进行互动，构成了一个类似真实社会的具有公共空间的虚拟世界。三维动画技术相对平面动画而言是一个飞跃，它的出现使得电子游戏空间可以营造“第一人称视角”，模拟人的视觉活动方式，增强游戏者的体验；网络技术提供了游戏者交往空间；虚拟现实技术则更进一步，打开了身临其境的阶段之大门。虽然从技术上看，虚拟现实不过是把平面显示器改为头戴显示器，但这个不起眼的改动，对于人的感受来说，已经是天壤之别。三维、网络、虚拟现实，当它们各自作为单独的要素出现时，对游戏的推进是有限的，并非革命性的；而当它们三者都达到一定的成熟水平，同时融合后，革命性的一幕出现了。那就是虚拟现实电子游戏所构成的元宇宙。我们日常生存的空间即三维空间，我们作为群体动物生存，不断地与他人联系而形成社会网络，在这两者通过元宇宙整合为一时，我们就进入了一个从体验角度而言与真实世界极为相似的全新空间。

这个全新空间不同于过往的概念。第一，它是具象化的；第二，它是现实和超现实相结合的；第三，它是人类历史上第一次以三维沉浸方式，也就是完全模拟现实人类感知真实世界的方式呈现；第四，它是一个互动、联网空间。这些因素集中到一点，水到渠成，不可避免的革命性媒介——元宇宙最终出现了。在人类漫长的想象力历史中，无数的艺术家、哲学家、普通人都有过对抽离这个物理世界的创造性思想，包括小说、电影、诗歌、画作、游戏，它们不仅是个人的奇思，更是人类对现实制约的反抗和对完美世界的渴望。然而这些艺术形式没有任何一个能够同时实现视觉、互动、交往、沉浸的效果，无法让人“以身体进入”。想象空间只存在于创作者的头脑和作品中，受众无法接触这个空间，也只能通过想象自行“脑补”。元宇宙彻底改变了这一切，其所营造的空间、其革命性正在于：从此人们可以真正“进入”想象空间，“进入”新世界，与新世界互动。新世界不再是无形的、不可触碰的，而是有形的、可以互动的；不再是一种虚无，而是一种实在。

电子游戏具有成瘾性，大量的研究已经证实过。这方面的研究大多数集中在生理和心理层面，前者如刺激与多巴胺的关系，后者如反抗和逃避等。无论是生理还是心理，其根源都在于人类的生物性。用马克思主义的基本观点来看，即物质决定论。

就生理原因来看，令人类产生“快乐”感受的物质为多巴胺。1999年的一项实验中，科研人员用正电子发射计算机断层显像（PET）扫描人在玩电脑游戏时脑中的多巴胺水平发现，游戏玩家在游戏过程中，脑中多巴胺水平最多能上升到比日常值高200%。除了游戏直接带来的快感外，从社会心理上看，电子游戏和其他游戏乃至体育运动等本质一样，是对现实压力的逃避、对一成不变的现实的反抗等的表现。当人们感到自身所承受的压力过大时，就可能通过某种事物去逃避现实。青少年的自控能力不如成年人强，故而青少年更容易电子游戏成瘾。但如果1999年的电子游戏就已经能达到如此效果，那么当下电子游戏的画面、音乐、可玩性和种类已不可同日而语，元宇宙的电子游戏可给人带来的刺激和快感恐怕更难以想象。元宇宙技术与电子游戏、与互联网结合的结果，是在以往电子游戏的平面人机互动基础上，变革为三维沉浸人机、人人互动的元宇宙娱乐，从虚拟世界中脱离将变得更困难。游戏者的注意力完全投射在元宇宙游戏世界中。

传统的电子游戏是面对屏幕操纵游戏手杆或电脑键盘，只有屏幕这块小小的空间属于游戏世界，人的视觉、听觉都受到客观环境的干扰；而在元宇宙带来的与现实完全隔绝的游戏环境里，游戏者完全投入，注意力完全沉浸在与虚拟现实中的电脑或通过网络与其他玩家互动中，这种情况下，游戏已经成为一个全新的世界环境，其所能带来的惊奇感、刺激感，恐怕大部分人都难以自控。这并非夸张，通过网络上的一些视频我们可以看到，初次接触元宇宙环境的人，都会感受到一种强烈的震撼，表现为不由自主地手舞足蹈、身体东倾西倒。

元宇宙中的电子游戏区别于其他图像视觉媒介（电视、电影、艺术作品、传统电子游戏）之处，是除了可以提供拟真的信息环境外，还可以提供超现实的信息环境。这个信息环境的形式是具体的，但建构的基础是超现实的。

电子游戏与其他超现实的艺术作品不同，例如小说是建立在文本基础上的超现实空间，文字媒介提供给人的细节是模糊的、抽象的。而缺乏细节的结果是触觉的萎缩，读者只能被动地追随作者的思维，直至作者的思维表达完成。整个传播过程是单向的，受众对超现实空间的体验是低清晰度的。

电视媒介通过活动的真实影像、声音给人以现场感和冲击力，可以想象，从纯文字媒介首次转入接触电视媒介的受众被震撼的程度是难以用笔墨形容的。但随着电视的普及，这种新鲜感逐渐消失。而且由于电视媒介本身特性的制约，其媒体内容侧重于客观真实的反映，这使电视媒介陷入了现实主义的泥潭，因为构建超现实主义空间不是电视媒介的特长。即使出现神话主题的动画片或科幻连续剧，受众也对此缺乏触觉感受，因为这类内容提供的图像“真实”和生活“真实”有着极大的差距，无法与这种图像真实产生感性的互动接触（即体验），其真实性显得非常“可疑”。电影媒介的情形亦类似。

以泛媒介的观点来看，艺术作品也属于视觉媒介，包括抽象画、雕塑、装置、行为艺术、超现实主义电影、戏剧等，其中有些具有触觉特征如雕塑、装置，但它们都不是大众媒介，而是小众化的专业媒介。

电子游戏则具备互动、图像的特征，但处于屏幕局限之中，无法给人以仿真体验。只有元宇宙内的电子游戏才是人类“参与”具有丰富细节的超现实世界最为逼真的途径，其他大众传播媒介尚无法提供这样的一个信息环境。

元宇宙游戏的影响

元宇宙对电影和电视领域的融合，在当前只是一种设想，而元宇宙游戏行业是元宇宙技术当前正在变为消费品的几乎唯一现实并正在进行中的方向。电子游戏本身的特性即营造想象空间，这和元宇宙的本质相同；加之电子游戏内容制作方式的纯数字化，都非常契合元宇宙。电子游戏成为元宇宙领域消费级应用的突破口，并非偶然。电子游戏作为娱乐经济的一种，其发展速度是非常迅猛的。游戏作为人类的本能之一，在生产力得到极大解放后，会成为人们业余生活的重要组成部分，甚至使少数人形成上瘾状况。由此催生的巨大市场，无疑会给人们的娱乐行为和日常生活带来非同小可的变化，对电子游戏行业本身也具有革命性的一面。

1. 元宇宙游戏用户更多，游戏时间更长、频率更高

从游戏形式发展来看，从简单游戏向复杂游戏演变，反映了人类生物性的追求，即快感、刺激和兴奋等生理欲望的潜在诱惑，是人类不可抑制的本能。从简单的游戏形式（如石头、剪刀、布），到稍微复杂的形式（如象棋），再到电子游戏，游戏使人获得的兴奋程度不断提高。这一方面归因于电子游戏形式的自由度更大，游戏者可以更主动地探索游戏空间；另一方面由于电子游戏需要游戏者的高度参与和卷入，注意力必须十分集中方可顺利进行。高度自由和深度参与构成了游戏更刺激的基础，自由空间引发游戏者的好奇心和探索行为，无形中增加了游戏者的游戏时间；深度参与可以营造出更贴近游戏者心理的氛围环境，游戏者的手、眼、脑等器官必须在高度紧张的游戏环境下协调、同步。

游戏内容的多样化又促进了这一事实。例如，模拟人体动作格斗游戏、战略游戏、角色扮演游戏等，复杂多样的游戏形式在不同层面刺激人的生物性，获得超过其他游戏形式的体验。在非电子游戏中也存在激烈的形式，但其形式和规则的单一化，与电子游戏的多样化不可同日而语。由此推理可知，游戏给人的体验的刺激程度与人游戏成瘾的可能性成正比。一个简单游戏不容易使人上瘾，因为它带给人的生理反应不如

其他复杂形式的游戏，从生物性上而言，就是简单游戏带给人的人体分泌的刺激人兴奋的复杂生化物质（如多巴胺）数量不如复杂游戏。如果理解了这一点，再看元宇宙可能带给游戏人群的变化，就容易明了问题的实质。

元宇宙无疑是整合了前述所有核心刺激手段的工具。元宇宙的特征又容易和电子游戏“无缝”结合，这种强大的潜在的刺激能力，对游戏者而言，必然是超越之前所有游戏体验的娱乐媒介。元宇宙电子游戏既然能带给用户如此强烈的游戏体验，则必然导致游戏用户数量增多、游戏时间更长、频率更高。对于电子游戏行业而言，将带来更大的市场规模、更高的收入。

2. 元宇宙电子游戏：虚拟生存的起源

我们所说的虚拟生存，必须依赖于一个依赖现实的物质基础，又存在于现实之外的环境。这个环境的技术内涵为电子信息环境，其由软件和硬件两方面构成。这个环境的规则由人制定，由电脑执行。这个环境的外在形式和内在规则可能有某些部分与现实相同，也可能完全不同，这由构建这一环境的人以及相应的目标所制约。例如，一个元宇宙环境的目标仅是供人消遣，那么在其制作者看来，任何与现实世界的交互功能都是不必要的，只需要在虚拟世界中提供足以令人愉快或沉溺的事物即可；换一个情况，某个元宇宙环境不是为了消遣而存在，例如某个模拟海底环境，是为了遥控机器人打捞现实世界中的沉船，提供一个直观的操作界面，那么这个元宇宙环境则是与现实世界互动的。

我们说的电子游戏，很显然是属于消遣和娱乐性质的前者，但这恰恰是我们虚拟生存的最初目的，这与人类的生存意义不谋而合。电子游戏的最终意义是娱乐和消遣，人类生活虽然有大量的劳动，但劳动是出于生存目的的必需任务。

马克思主义的基本观点则更是强调了劳动在人类社会中的核心意

义。但仅从电子游戏给人提供的环境来看，这种劳动行为改变为具有较高代偿性质和趣味性的游戏行为。例如在网络游戏中，人物为了“升级”而“打怪”，为了购买装备而“挖矿”等设定，貌似劳动过程循环，但其实人为缩短了人类劳动和收获之间的时间成本和精力成本。我们在游戏中“劳动”的结果很快能得到反馈，而只需付出手指和大脑的愉快互动即可，既具有一定的挑战性，又人人可以做到。而当元宇宙中加入这一现象中，一个新的时空仿佛向我们敞开。

电子游戏的纯数字、纯娱乐特性，决定了这是元宇宙最早进入我们日常生活的方式。但这种纯数字、纯娱乐性，又限制了元宇宙在我们生活中发挥作用的形式。或者说，仅仅是电子游戏，还远远不能代表元宇宙；仅仅是电子游戏，还不足以发挥元宇宙的革命性功能；而缺少了电子游戏，又将使元宇宙的魅力消失大半。电子游戏的形态，其实是未来更完善的虚拟生存的初级萌芽、虚拟生存的起源。如果我们只把元宇宙视为一个“工具”性质的发明，那么元宇宙的作用可能与蒸汽机、电力和电脑的工业革命性质类似；但与其他工业革命的代表器物所不同，元宇宙构建的社会网络具有非实在性。蒸汽机、电力机组和电脑构建的网络分别代表交通工具、能源和人际关系在现实社会中的互动，其本身并没有脱离现实社会的规则范畴，它们组成的网络是客观事物的网络；元宇宙则构建的是“新的现实”，其网络联结的是想象事物。这个新的现实就是将人的幻想通过电子游戏的空间构建方式[①]呈现并使其实体化、可互动化。

所谓生存，其内涵比娱乐要广，更重要的是两个方面。一是对客观世界的影响和改变。电子游戏中，只能对电子游戏搭建的世界进行影响，但游戏者对客观世界是无力改变的，电子游戏程序规定了所有的互动行为只在虚拟的电子空间中发生并形成结果。但当我们谈到生存，则

---

① 非现实的、具有与现实社会规则迥异、充满想象事物的世界。

必然涉及对现实世界的改造。元宇宙生存实则包含了人类可以通过元宇宙世界对客观现实世界施加影响这一重要因素。二是人际间的社会交往。电子游戏中人机互动是主要成分，但也有人际互动，尤其在网络游戏中，人际互动也是一个重要的组成部分。人际互动的好处是，使得游戏者在虚拟世界中获得更为接近真实的情感。虽然人工智能可能也逐渐会实现部分人际交流的功能，但取代不了人际交往的最终意义——“现实交往”。元宇宙游戏中的人际交往仅限于游戏本身，因为其无力参与现实改造；而元宇宙生存中的人际交往则不可避免地牵涉现实交往，因为生存本身不是游戏，而游戏只是生存的一方面。一旦涉及现实影响，那么虚拟生存中的人际交往必然更为小心谨慎、人们在其中的行为更接近于现实世界的行为。而电子游戏中的人际交往，由于其匿名性，可能无法反映游戏者的真实性格、身份。因此，生存不仅是游戏，最终是为了游戏所赋予人的正面意义（自由、幻想、主动、胜利）。

这些可以通过游戏实现的意义，在元宇宙中被赋予更多期待，其中之一就是替代人的生存，取代人的日常生活。这个议题在人的生物性不可避免的前提下，实现得并不充分。因为人的生物性意味着人无法与现实中的其他人割裂，尤其是血缘关系以及为了维持生物体生存的各种人际的、社会的交往互动。血缘关系的生物性决定了人无法避免地受制于他人。只有人的生物性逐步削减，才能达到完全独立的个体和完全的虚拟生存。电子游戏在现阶段，可以视为元宇宙虚拟生存的起源；电子游戏只是虚拟生存的雏形，但电子游戏又为虚拟生存的世界提供了无限想象的可能。

虚拟生存形式的丰富性要远远多于现实生存。在元宇宙中，人可以实现各种在现实中无法实现的行为和目标，同时可以影响现实、改造世界，跨越梦想和现实的界限。

元宇宙的广告业

广告是现代商业社会的重要一环。虽然在当代的人类生活中广告并非以一种十分受人欢迎的面目出现，人们时常抱怨影视节目被广告所打扰，以及街头巷尾满目可见的广告招牌、厚厚一摞报纸之中占了大半分量的广告版面、网页中强制观看的贴片广告和弹窗……这一切都令人不胜烦恼。在欧洲批判主义的学者们看来，广告无非消费主义的代表，刺激人的购买欲望、误导人们的消费观念，是物化生活方式的表现，几乎没有文化研究的价值……对于我们的精神层面几乎没有任何正面意义。

广告对人类生活的正面作用已经渗透在我们的日常生活中，例如，购买大件的家用电器，我们可能首先会考虑某几个品牌；谈论到某个品牌的时候，我们会说这个品牌如何好或者如何坏。实际上，这就是广告日积月累对我们构成的影响。我们无法一一去判断哪个特定品牌的某个情节的广告在说谎，但总体而言，广告带给了消费者某种指导意义。从理论上或者说在较大概率上而言，打广告的品牌比不打广告的品牌更值得信赖。因为除非是想彻底坑一把顾客、谋取短期暴利然后消失的企业，大部分企业在花费广告费之后，会更珍惜自己的品牌。

此外，如果将广告纳入商业理论范畴，那么它更像是一个中性的领域。因为我们不会说营销学是坏的、品牌学是坏的、企业管理学是坏的。这些都只是商科中的理论，也许它们最大的问题是理论性不如人文科学，抽象性又不如自然科学，这才给人们一种不伦不类的感觉。但谁也无法否认商科对人类经济活动的意义。尤其在资本主义市场经济的视野中，商业与生俱来的属性似乎与人类社会的发展紧密联系。而经济史也一直在证明大部分人类社会领域中，商业模式是决定效率的核心因素——从营利组织和非营利组织的数量对比就可以看得出来。毕竟营利促使竞争，而非营利促进的是公平。人类发展至今与其说是公平的必然，不如说是竞争的结果。总之，在物化的世界中，广告似乎是不可避免的，仍然是重要的。

回顾人类历史，广告与人类商业活动出现几乎同时。古埃及人使用纸莎草纸制作传单和海报；中国最早的广告记载出现于战国时代宋国韩非子的《外储说右上》："宋人有沽酒者，升概甚平，遇客甚谨，为酒甚美，悬帜甚高。"[①] 在古希腊时期的西方，人们便使用地面的石头刻画脚印和人像，向旅行者示意旅馆的方向。

在现意大利的奥斯塔安提卡（Ostia Antica），古罗马的一个港口城市码头上，人们在码头港口地面敷设马赛克图案，向下船的水手说明附近酒馆的服务内容。

古希腊和古罗马的纸莎草纸制作的失物招领广告相当常见；无论是亚洲、非洲还是南美洲，在墙上和石头上刻画文字以促销商品或服务的广告都是常见的古代广告活动的主要形式之一。历史学家在世界各地古文明中发现了不少与人类广告活动相关的文物。中国宋代的"刘家针铺"广告印刷雕版，是现存于世的最早的广告工具，它是用于为山东济南刘家针铺印制广告的，可以纸张油墨在其上反复印刷传单，长 13.2 厘米，宽 12.4 厘米。如下图所示[②]。

---

① 晟岩："中国广告之最"，载于《观察与思考》，2006（5）。
② 来自中国国家博物馆微博。

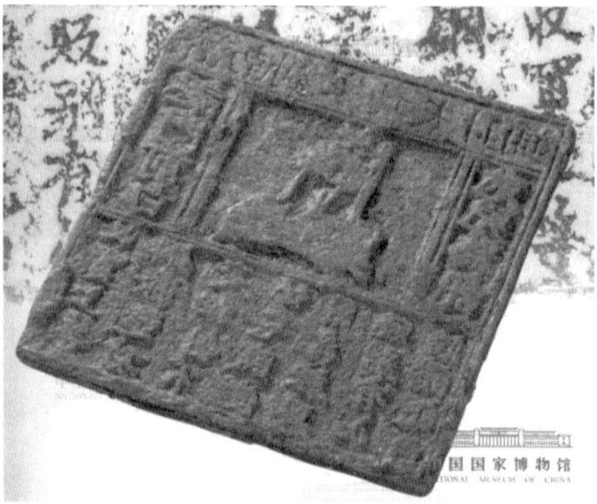

威廉·卡克斯顿（William Caxton，1422—1491 年）在英国是仅次于莎士比亚的文化名人。他印制和翻译了一大批宗教、文学书籍。1472—1479 年间他制作了现存最早的印刷广告传单来推销书籍。

18 世纪时，广告开始在英国的新闻周报中出现。早期的广告以促销书籍和报纸为主，后来很快发展到药物广告以及其他商品广告。但很快，虚假广告和过度宣传的广告内容，促使广告立法开始出现。随后，大众传播的历史伴随着广告形态变迁的历史；而广告的内容始终如一——与我们的消费保持紧密联系。对于企业而言是促进销售的有效手段，对于消费者而言，一则合法合理的广告是消费指南。广告的这种固定特性，也就是物质关联、实用性，与市场经济和商品交换不可割裂。广告在于告知消费者商品信息，包括商品的功能、价格和位置等。如果把消费者和商品看作信息传播的主体，一个为受众，另一个为信源，则广告作为传播活动的性质是没有疑问的。这里信源具有极其强烈的“寻找受众”的动机。广告信源即企业，广告受众即消费者。新闻寻找的受众是不特定的多数人，广告寻找的受众是特定的消费者。

进入 20 世纪，大众传媒得到全面发展，报纸、杂志、广播、电视、电影等全面兴起，核心的原因是技术。

技术对人类生活的影响使得大众传播作为人类依赖的信息及精神

食粮而愈加兴旺；大众传播的兴起，又带来了广告的兴盛。可以说，在当今社会，只要接触过媒体，就必然接触过广告；而广告反过来也推动着商品的销售。资本主义对利润的追逐，令广告获得了本质上与传媒共生的特性，这种特性在产业角度而言是传媒的支撑；对消费者而言则具有两面性，即指导生活或过度消费；对文化而言，广告在媒体上所创建的流行文化不计其数。一个特别的、有某些突出特征的广告很容易成为当今社会生活的短暂热门话题。流行文化的特征是短暂、狂欢式、反深刻，这种流行的动机和目的都很单纯地被归类为纯娱乐。广告本身也可以具有娱乐功能，以广告业界的观点，创意是为了销售，但对消费者而言，创意是娱乐。虽然这种娱乐是基于广告的内容，但仍无法脱离广告媒体的承载。

元宇宙中的广告

虚拟生存与非虚拟生存是并行不悖的。不论是由于经济原因、生理原因还是价值观喜恶，虚拟生存的方式并非人类所必需，而是一种个人选择。这会造成虚拟生存和非虚拟生存同时存在于客观世界。传统的生活方式对物质生活的依赖没有改变，经济和社会的运行与今天并无太大差别，但元宇宙中的经济和社会呈现的新特点会左右未来广告的运行方式。

1. 广告对消费者的时间和空间占用

元宇宙的信息传播相对现实传播最主要的特征就是快。这种“快”在广告和消费者之间的传播跨越了时间占用的障碍。传统媒体广告对消费者的最大侵扰之一就是时间和空间占用，不论是书籍中的插页广告、报纸上的广告版面，还是电视、互联网中的强制视频广告、弹窗广告，消费者阅读它们需要占用一定时间，通常是 10~60 秒，尤其是视频广告，即使不去阅读，它们也需要时间来完成播放传递，这就对消费者造成了干扰。虽然消费者也可以选择关闭视频广告或换台，但损失不可避免——哪怕是少量的时间或精力，也会积少成多，招致厌恶。元宇宙广告可以瞬间完成信息传递，对虚拟生存的消费者并不会造成太大的负担，技术上估计，考虑一般广告信息量不会太大，即不可能超过一本书或一部电影，这种传递应该在 1~5 秒左右完成。

对空间的省略是元宇宙环境下广告的另一面。传统广告需要存在于特定空间内，占用一定的二维或三维空间，例如杂志广告画面的大小、报纸广告的版面位置、电视广告所处的屏幕、户外广告竖立和放置的地点等。现实中如果没有空间，广告媒介便不能存在，也就无法传递信息。元宇宙空间是基于物理硬件的，但其信息环境构成了人类活动的空间，人与信息融为一体，故此在元宇宙中的广告不占用空间，而仅以信息的形式存在，无形无质。另一种可能是信息模拟现实广告媒介，在元宇宙中呈现，一如今天网络游戏和互联网中的各类广告。这种情况下，广告媒介可能有丰富的形式，也有一定虚拟空间的占用；但元宇宙中的空间是无限的，可以不断生产，故而“稀缺性”这一现实广告空间的重要性质将变得不那么重要。信息对空间的解放使得传播信息更为方便快捷，不需要广告媒体的制作，直接以信息本体进行传播，唯一的要求是取得广告传播的权限，对广告客户进行播送。相对于现实世界的广告媒体来说，广告媒体的“稀缺性”由地段、版面决定变成了由权限决定，在现实中，人流量大的地方、受众多的媒体其广告价值就高；在元宇宙中，能获得向更多受众传递广告权限的信源广告价值高——二者的本质都是受众数量，但后者更为直接。

元宇宙中广告对消费者时间的占用缩短，单个广告给消费者带来的干扰减少；广告媒体的空间重要性更直接地体现为受众数量。前者可能带来的影响是广告的个数更多，达到受众的处理上限。也就是说，尽管广告传播效率提高，但这只对广告主和媒体有价值。对于受众，这并不意味着广告干扰的减少。从媒体的逐利性角度而言，只要有足够多的广告主，多数大众媒介总是会将广告时间提升到消费者忍受的极限，而不是默认单个广告时间缩短给消费者带来的便利（有意控制广告数量的媒体除外）。后者对广告的影响更多的是对现有广告资源、注意力、权限的重新分配。当前的广告大量依附于媒体的免费性存在，未来由于资源的有限性是同样的，免费的信息附加广告的做法似乎仍不可避免。

2. 广告媒体的虚拟形态：无形或拟态

元宇宙的广告媒体和信息混杂程度更深，一段信息中包含的广告内容可以呈现也可以不呈现为视听觉的形式。因为元宇宙的信息在传播过程中并不依赖于具体的物质，只在信息个体之间选择性地成为“存储和记忆”的直接信息或“模拟现实媒介”的间接信息。这由元宇宙的无形或拟态特点决定。所谓无形，前面已多次提到，即广告信息不依赖于元宇宙系统之外的其他媒介，具有直接性和精确性，是对受众思维记忆的直接影响。在这个前提下，广告媒体的形态实质是不存在具体实物外形的。广告夹杂在其他有用或无用的信息内，以碎片化和高效率的方式进行传输，消费者只能被动地接收广告，然后删除广告信息或保留广告信息。幸而这个过程也是极短的一瞬，而且得益于智能化，并不需要人工过多干涉。所谓拟态，是指广告在信息环境下也可以模拟为传统现实世界中的任何一种广告形式，例如，虚拟的户外广告牌、虚拟的电视机中播放的电视广告，等等。在元宇宙环境下，人的生存方式纯数字化给人带来的不适应主要是大量数据的快速交换，这对人的精神生活是一种高度压力的模式，因此相应降低精神生活的紧张也必然成为一种追求。拟态是指对传统物质世界的模拟，在其中虚拟个体可以体会到类似现实物理世界的各种感受，甚至生存、生活；如从事经济活动和社会交往。在拟态方式下进行的虚拟生存，人的感觉与现实世界类似，因为这是人对现实的一种习惯，其间所有的人、事物之间的互动方式类似现实世界，其目的是更舒适地适应元宇宙或寻求一种现实的感觉。

3. 广告对记忆的侵占

元宇宙中的一切信息均以“传播即到达”的方式进行交换，广告信息和其他信息一样，在瞬间便完成了信息的传播，受众在接收有用的内容之时，广告也就完成了对受众记忆体的写入，即“存储”。对于虚拟生存而言，“存储”即“记忆”，广告获得了受众的记忆，也就是广告传播过程的完成。广告传播不再是受众注意力所能左右的——对于报纸或电视，人们即使尝试去记忆一条广告，在一段时间之后，或也往往难以 100% 地正确回忆或复述广告的内容，这是人的遗忘机制在发挥作用。而在元宇宙中“遗忘”却难以实现，因为记忆要么存在，要么不存在，也没有“准确”和“模糊”的差别，除非对我们智能的模拟实现了这样一种“模糊化”和“遗忘”的机制，否则任何虚拟生存下个体的信息都将成为永恒的、精准的记忆。在这种机制下，与现实不同的是，我们作为消费者对广告可以有选择地过滤和保存。虚拟生存个体的智能化依托于电子和机械，其对信息的归类、整理、提炼、整合、检索的能力高于现实个体。例如，我们在现实中常常会遇到这样一个状况：对某个模糊记忆中的一则广告所宣传的产品或服务有了兴趣，却不记得当初看到这则广告的具体内容，也无法找到刊载这则广告的媒体，这是由于现实生存中人的遗忘机制在发挥作用。由于人脑的容量有限，我们看到的、听到的信息被选择性地储藏在大脑中，有用的、常用的信息反复被大脑“读取”，得到了强化；而不常用的信息，逐步被大脑遗忘，最后“删除”，成为不再存在或不再能唤起的信息。广告信息的特点是不确定未来何时有用，而且由于竞争产品和服务的不断涌现、日常广告信息过多、信息获取简单等主客观原因，我们不会去特别记忆一条广告内容，除非主动积极地将广告信息背诵或抄写下来备用。一般情况下，现实中的我们无法确定何时需要这个广告信息，于是逐渐将其淡忘，最终只剩下模糊的印象，即这大概是一个什么东西或服务，这对于软性的品牌广告而言还算有用，对于服务性、非品牌广告需要回忆起广告中的“硬”内容，例如联系方式等，就不起作用了。元宇宙依赖机械和电子物质可以将广告信息完整无误地保存在虚拟个体的硬件中，通过关键词建立、归档等方式，可以随时调用。

元宇宙广告：从企业的角度

除非我们某一天能达到对资源的无限利用，否则我们仍然必须进行生产和市场竞争。作为市场竞争的主体——企业，以及市场竞争的主要手段之一——广告，其本质恐怕在元宇宙下也不会发生大的改变，追求利润（资源分配）仍然是企业的主要目标。但其手段和方式、外在的表现必须与消费者生存方式的转变相一致，面向虚拟生存的消费者进行广告的市场调查、定位、计划和策划；对虚拟生存个体的需求有更深刻的洞察。

1. 虚拟个体的物质和精神需求

使用外置虚拟设备的虚拟生存、半虚拟生存、纯虚拟生存三种情形对个体的物质和精神需求有较明显区别。使用外置虚拟设备而人的生物性不进行削减，这是虚拟生存的初级阶段，人类同时存在于现实世界和虚拟世界中，虚拟世界对现实的介入程度不高，只是作为现实生活的一种补充（尤其在社交和娱乐层面）；人类随时需要退出虚拟生存来维持现实生存，这时候人类的现实需求与没有虚拟设备的生活方式并没有太大的不同，唯一的区别是对物质的需求“可能”因为虚拟生存的高度卷入和愉悦（或刺激性）而显得不那么重要。极端的例子如今天现实中不时见诸报端的对网络沉迷的极少数人，他们可以为了网络也即某种层面的虚拟生活，天天吃泡面、睡网吧；这在现实生活的人看来是不可理喻的。但简单化看问题，这只是因为虚拟生存的极强吸引力，人在面临这样一种新鲜体验时愿意投入更多时间、削减现实需求也就不足为怪。

对于企业而言，虚拟个体的这一特点，即享受虚拟生活方式，对于企业在虚拟环境下的广告有指导意义。随着物质性需求的降低和精神性需求的提高，对于物质形态产品，应更重视其基本性能宣传；对于精神性产品，则应更精确地确认消费者是否为目标消费者，掌握其社会属性，如兴趣、受教育程度、收入等，方能有的放矢。换言之，传统的广告定位在元宇宙中可能要重新思考其方法论。现实世界中，存在着不同的经济和社会地位差异，这种差异体现在消费行为和品牌认知的各个方面，当前的广告主和广告公司都极为重视广告定位，并将其作为广告活动的起点。

现实世界中的消费者在物质需求上是一致的，在实现最基本的维护生命目标后，追求符合自身地位的物质享乐、精神愉悦，只有定位于准确的目标客户上，广告才有意义。虚拟个体在基础的联入元宇宙这一需求上是一致的，这是维护虚拟生存的基本目标，但又不是最终目标，他们仍要追求精神愉悦——请注意，这里已经没有了物质享乐，这是元宇宙颠覆现实世界的重要特征，尤其对于纯数字化完全虚拟个体而言。部分虚拟化个体在人脑仍然起到核心作用的基础上，物质刺激仍然通过脑部的化学反应令人愉悦。而完全虚拟个体物质基础是基于硬件和电子感官，而非生物感官，化学反应自然也就不存在。

企业的广告定位是基于有能力购买其产品或服务的人群设定的，市场细分更进一步在其中进行不同标准的分类，这构成当今市场营销活动的初步机能。因此其基本前提是人的经济或资源等级、社会地位的差异性。在元宇宙中，人的这种差异仍然存在，因为虽然他们都是基于虚拟系统的生存者或机构，但不同个体之间的硬件基础、软件 / 应用基础仍存在差别。这是基于现实世界中的物质基础的，在接入元宇宙系统之前，人的生存方式差异可以直接决定其在虚拟社会中的地位，但反过来在元宇宙虚拟社会中的经济活动也可能增强或削弱现实个体在现实生活中的经济和资源地位。例如，通过虚拟生存的一系列活动增加其虚拟财产，而虚拟财产与现实财产之间可以交换。现实系统和元宇宙系统之间存在互相影响的关系，这种关系主要是经济和资源上的。因此，广告的定位依然会在元宇宙中存在，因为虚拟产品也存在质量上、成本上和价格上的差异，需要具有不同经济能力的消费者或用户购买，企业的广告传播不可能不加区别地投放。

2. 广告的精确投放

互联网广告从引入“cookie”这一用户信息收集保存工具后，就一直面临消费者隐私的争议。互联网广告对客户信息的采集和利用是一把双刃剑，它既可以精确地匹配客户的广告需求，也可能侵犯客户的隐私。抛开争议性不谈，未来的元宇宙环境由于更具智能化，客户本身也是数字化的存在，故此广告的精确投放将比今天更为发达。互联网广告发展之初，对网络受众的兴趣、爱好并没有进行统一的数据管理和行为分析，静态的、固化的横幅广告、弹窗广告占据了电脑屏幕的主要位置。诸如一个男性用户浏览到女性产品的广告或是青少年浏览到老年保健品广告等这样的信息错配往往难以避免，造成广告预算的损失、网站服务器的额外负担和网络流量的浪费。元宇宙环境实际上是由信息构成的环境，其中任何事物都由信息构成，信息可以被感知（以现实拟态的方式或虚拟个体记忆的直接存取方式），虚拟个体以信息化生存的状态暴露在信息环境中，这与现实环境中的个体与信息之间的天然鸿沟不同，广告服务商、广告主对虚拟个体的信息掌握更精准更全面，这是虚拟生存者进入元宇宙环境后与生俱来的一种被动状态；元宇宙的生存过程是信息不断更新、补充、删减和存储的过程，这个过程构成了人的活动日志（现实生存中，人的行动也会在环境中留下互动的痕迹，但这个痕迹作为信息来讲并不会被搜集）；元宇宙中的任何个体都存在系统自动生成的日志，这个日志是琐碎的、无深刻意义的文件，但当日志随着虚拟个体生存的时间长度逐渐积累，达到一定的分析条件，便可以通过其判断出个体的社会属性和经济属性以及兴趣爱好偏向等。当社会中的虚拟个体活动作为一个整体被分析时——即所谓的“大数据”——便具有了社会学意义。

广告精确投放只是元宇宙作为信息化系统层面的一小部分与广告领域结合的成果。对于广告主和其他营销组织而言，对个体的信息掌握可以达到一个新高度。而对广告受众则意味着无用广告干扰的减少。虚拟消费者具有超越生物体质的软硬件能力，借助一定的功能软件应用，消费者可以精确过滤向自己散射来的广告信息。例如广告中的关键字可以作为一个过滤对象，发达的语义网络可以分析信息中的多个关键词组，以鉴别这则广告是否属于消费者“白名单”中，如不属于，则直接过滤，不会影响消费者。这与现实世界中的广告与用户之间的跨系统传播不同，传统的音、视频广告或平面广告与消费者之间是没有过滤器的，因为它们属于不同的系统，即使消费者有意过滤某个关键字的广告，由于没有这个功能和平台，只能采取“系统间互动”的方式——如换台、翻页等来实现对广告的过滤，但这种过滤是不完全的，是接触广告后的一种排斥行为，既浪费了广告主的时间和成本，也浪费了受众时间和精力。元宇宙中的这种精确智能化，可以很大程度上使得广告主的广告到达目标消费者脑海里，剩下的问题就是与对手的广告竞争了。

不过，与现实世界的情形不同的是，元宇宙的个体有可能以完全异于自身经济和社会地位的形象出现。虚拟生存提供的场所相对于现实而言是一种逃避或远离，这使得虚拟生存个体的形象往往与现实生活有很大出入。而这种出入可能体现为其在元宇宙中的行为，包括消费行为和社会交往。即使某些应用采集和记录了虚拟个体的这种行为，也无法构成对此虚拟个体的准确定位，对于元宇宙下的广告调查而言这是一种挑战，即如何区分真实的潜在客户和非真实客户？尤其是在现实世界的物质形态消费品，要在元宇宙中进行广告，必须小心翼翼，以免造成广告预算的浪费。但对于虚拟消费品和精神消费品而言则不存在这个顾虑；因为虚拟个体的生存方式所导致的消费，仍然符合虚拟个体的形象。举例说，一名男子在虚拟生存中扮演女性角色，他在虚拟生存中的消费行为，依然符合女性的形象（否则他无法维持这一女性形象，而维持女性形象正是其虚拟生存的基本目的）。但作为一个刮胡刀的潜在用户，元宇宙中的广告可能无法触及这位目标客户。因为通过授权和隐私规则，该男子可以防止被采集到现实信息。但在很大概率上，一名尝试与其现实属性完全相反的虚拟角色的生存者，不论是性别、收入还是其他属性，其在元宇宙中的活动时间越长，其留下的“信息痕迹”始终会或多或少地暴露其真实属性。

3. 广告创意倾向

广告创意是具体广告的内容的艺术化和科学化的倾向、程度和表现。广告本身是传递产品的信息，但为了吸引受众注目、强化受众记忆以及与竞争对手相区分，广告信息必须带有一定的创意，才能达成以上目标。或者说，广告内容分为“硬信息”和“软信息”两大领域，“硬信息”是产品的性能、规格、产地等可量化的、特定的、具体的信息，这些信息是客观的、对于产品而言是不变的常量；“软信息”则是为了使消费者更好地对“硬信息”形成印象和记忆而增加的艺术化的表现手法。广告学理论将广告创意区分为“理性诉求”和“感性诉求”两大情形，实质上也是对产品中的“硬信息”和“软信息”的占比进行描述的一个手段。当前的多数广告同时使用两者进行传播，但在对两者的比例混合上有所不同。即一则具体广告中，是使用理性的、科学的、严谨的表达方式，还是使用激发受众好感和愉悦心情的、相对人情味的表达方式，取决于很多因素。

元宇宙中的一个变化是人类对物质需求的降低。这种降低并非指虚拟生存个体不需要物质层的提升如更高级的硬件、更有效率的与现实互动的工具；而是指虚拟个体在现实世界和元宇宙两个系统间重新分配了资源，其在元宇宙中投入的物质支出并不能与现实世界相等。同时，元宇宙中精神产品的丰富，诱惑其将主要的个人资源投入其中。影响到广告创意则是感性诉求创意在精神产品品类上更为常见；理性诉求创意在物质产品品类上更为常见。虚拟消费者可以借助自身应用程序快速过滤各种信息，广告信息必须简单、精确；广告创意不宜复杂。试想在一个电脑化的快速计算数据流中，插入一个复杂冗长的创意对消费者计算能力和时间的占用，与今天的强制弹窗广告一样，无疑是令人厌烦的。

4. 广告调查：更少、更准

广告调查实质是数据的收集和分析，并将其运用于广告战略中的环节。在今天，信息化与现实社会的结合，带来了大量的数据化和精确化。人类在历史发展上第一次可以大规模地运用大量的数据来指导生活。例如每天的天气预报，需要海量的数据运算才能形成。我们通过各种传感器收集到的天气数据集合起来，构成了对未来的解读。在信息化以前，天气只能用经验来预测。随着数据越来越多，我们的智能化在提高，运算模型不断改善，对天气预报的精度也在不断提高。一个看似简单的例子，背后是信息化与否、信息化多少的根本区别。信息之所以成为一个系统，一个“拟态环境”，是因为它越来越复杂、越来越智能，信息随着人类出现而出现，但在系统化之前，信息只是现实世界的零碎反映。而信息的量的积累，是信息复杂性的基础。也就是说原来只存在于纸张上的数据，并不成为今天的信息系统的组成部分，虽然这些数据通过人工录入到今天的信息系统当中，但在数据录入之前，纸张上的信息是“另一个系统”，是不能被今天的信息化系统利用的。这是老旧的世界和新世界的区别，也类似于当今世界和元宇宙世界的区别。当元宇宙世界的信息化程度继续积累，就能在复杂性上比肩、最后超越现实世界。今天的信息世界来源于信息化之前的旧世界；未来的元宇宙世界将来源于今天的信息世界，这正在发生，而且以几何级数在进行积累。今天存在于世的一切旧介质（报纸、杂志、广播、电视），实质上是和信息系统（互联网）相分离的体系。旧介质虽然具有数据，但它们是无组织的、无法利用的；只有以“虚拟”的“信息”形式进入了信息系统（电脑和互联网、智能化软件），它们才生动起来，成为我们触手可及的一部分，成为这个庞大的世界性信息网络的一部分，并将自身与外界互动起来。而元宇宙世界在信息的量积累到一定程度后、智能化达到一定水平后，其必然脱离旧的信息网络，成为独立的主体。

广告调查的结果是数字化呈现的广告受众的特征，归根结底还是数据。数据的收集和分析在元宇宙环境中显得非常容易（在得到受众授权的前提下）。因为在现实当中数据的收集需要经历系统间的信息交换，也即现实系统和信息系统之间的信息交换，例如调查用的纸笔、心理测量器材、视觉焦点追踪工具等，它们属于现实世界的物质工具，这些工具得到的数据，需要人工转换为信息系统的基本数据，才能加以利用。尤其是大规模的数据录入，对于广告调查而言是一项不可避免又艰辛的基础工作，需要耗费大量人力。但一旦录入完毕，在信息系统内的处理速度却几何级倍增到以“毫秒”为单位计算，即数据的分析可以在瞬间完成。虚拟生存个体的数字化使得对其进行的调查不再依赖现实和旧的信息世界（混杂有现实物质世界的今天）的工具，纸、笔等旧世界的工具在元宇宙中消失了，或者说信息收集工具的形式变化了，与虚拟生存个体一样无形化、信息化。这是同一个系统之间的信息交换和传播，而不是旧系统和新系统之间、旧媒介和新媒介之间的传播。广告调查更快速，表现在广告主可以瞬间获得大量的已授权的用户的信息并瞬间形成广告调查结果，这一结果是最新的，甚至可以是随时获取、动态变化的，因为消费者数据和消费者现实之间的距离已经被缩短到极限，元宇宙中无形的却是智能化的应用工具在操作这一切。当然，与现实相同的是，广告主仍需为广告调查付出经济或其他资源作为代价，同时也需要获得受众权限。

广告主设定广告调查行动后，付出相应的代价，获得用户授权后，很快就能获得调查结果，这一切归功于电子化、数据化和智能化的元宇宙环境。可能有人会质疑，元宇宙环境与今天的网络环境在快速响应各类数据需求上不是同样的吗？这里就涉及前述的“跨系统”与“系统内”传播的区别。总之，得益于元宇宙环境的纯数字化，广告调查将更快、更少。更快，就是效率的提高和时间的缩短，体现在大量的调查行动本身可以通过元宇宙生存个体的“日志”获得；也可以进行新的问卷调查。无论对广告主还是广告受众，这种行动耗费的时间即使不接近于零，也是相对现实世界少得多。更少的广告调查，是由于广告调查结果的获取几乎是瞬时性的，导致广告调查和动态现实数据逐步融合，广告主可以一次获得授权而长期、连续、不间断地掌握消费者的消费行为和日志，广告调查的必要性减少。我们在现实世界中之所以要不时地调查广告受众，是因为“系统间”的不同步，即现实世界和我们的信息系统所反映的现实的不同步，后者滞后于前者。元宇宙生存把二者同化，信息系统即我们生存的世界，因此两个系统融合带来的是我们对现实世界的把握是一种更接近于真实的信息。不仅是广告调查，任何调查在现实世界中反映的都只是过去一段时间所发生的事实，存在滞后，故此我们需不断地、间断性地更新我们的信息。而在元宇宙中，这种滞后消失了，广告调查的次数也就降低了。

5. 广告主和广告公司

由于元宇宙中的企业个体仍存在大小、强弱的资源和实力差距，故而在广告活动中的差距也必然存在；同时广告公司在元宇宙中仍然存在，其专业性不会降低，但其专注领域可能改变。

首先，广告公司的专业性由现实世界的“硬”实力向“软”实力转变。在现实世界中，广告公司之所以能够在广告主和广告活动之中生存，仰仗的乃是其人力资源、广告制作硬件等可见因素；在元宇宙的广告环境下，广告公司具有的是软件资源，即特定领域的权限和运算能力，例如对某一特定消费者进行访问和调查的权利。这种权利可能是在长期运作当中积累起来的用户资源，也可以是专业的软件或应用知识产权带来的优势。广告公司在现实中的优势，例如与媒体的合作关系，可以以优惠的价格购买广告媒体资源，也转为无形化和虚拟化。在传播即到达的虚拟社会中，广告主自身不能对所有消费者同时发送广告，除非通过广告公司积累的用户资源和行业资源才有可能有针对性地向部分授权受众发送广告。由于信息量在虚拟世界中极为海量，无论软硬件资源都决定了任何专业组织只能有限地从事专业活动，跨组织的行动不可能实现专业化，这也是广告公司继续生存的理由。

其次，广告公司在获取用户授权上需要做更深入的工作。传统的广告公司和调查公司有所区别，除非大型广告公司有自身的调查部门，中小型广告公司与调查公司是相互独立的。对于调查公司来说，获得用户数据需要大规模的用户调研，传统的方法是街头访问、邮件调查、电话、E-mail 等；而元宇宙中这一切都大大简化，全部为数字化用户，调查可以在瞬间完成，唯一的前提是获得用户授权。在传统的调查过程中，对用户信息的获取要付出资源，例如小礼品、少量现金等，以作为用户参与的补偿。这种用户授权是即时发生的小型合同，持续过程短，基于面对面的随机陌生人信任模式，信任度较低。在元宇宙中，如果要获得对用户的多种信息，需要有长期的授权，而非每次访问用户去请求获取，因为那会引起用户的厌烦。即是说，广告公司可以在背书和确保用户信息不被滥用的前提下，与虚拟个体签订有偿或无偿的协议，对虚拟个体的信息进行采集和利用，这是广告主所不能做到的。

再次，广告公司的策划与媒体发布仍然是其核心竞争力。元宇宙中的广告主，能否跨越专业的藩篱，取代广告公司的部分业务？这个话题甚至可以进一步扩大到其他领域，即类似广告公司这样的专业化服务型中介，在元宇宙中的生存处境会如何？ 是否有继续生存的条件？从宏观的角度考虑，似乎答案是肯定的。因为资源的不平等是这个物质世界的根本问题。只要资源的不平等存在，虚拟生存和现实生存的个体之间、组织之间都将资源最优化利用作为主要手段之一，并以此作为获得更多资源、社会地位的根本。没有人或组织能够无限利用或只利用自身的资源就能实现更为广大的目标。现实中的人或组织，其时间、精力都存在极限和成本限制；元宇宙中的个体通过数字化和计算能力，将时间限制削减，但这种削减带来更多的其他工作占用其硬件资源；虚拟生存的根本是硬件负荷，这始终是有限的。广告公司这样的中介性服务组织存在的意义便在于降低广告主的负荷，令广告主有更多的资源集中于其核心业务上，此点与当今的现实并无二致。

从技术上看，广告公司的存在也是必然。元宇宙的硬件层并不经常性地呈现为虚拟生存的内容，正如电脑桌面上，我们运行各类功能的软件，但除非发生硬件故障，我们一般不去关注硬件层。硬件的正常工作状态对于用户是后台，一般而言无须用户过多干涉。元宇宙中的组织及个人都以无形的方式存在着，以某种或多种功能性软件为信息的组织方式，如广告公司必须具有类似现实中对媒体的发行量、收视率进行监控的功能，这一功能与广告公司的其他专业应用一起，构成了广告公司的核心竞争力，通过对不同应用的整合，得到可供广告主使用的信息，或对广告主设定的传播目标进行监测实现。

元宇宙中的广告创意

元宇宙下的广告创意与现实世界下的广告创意有什么区别呢？要搞清楚这个问题，还是要先讨论元宇宙中人的思维和信息接收过程。现实中人们会因后天的生活经验不同、先天生物性上的差异对不同的信息作出不同的反应，例如中国北方人的一则笑话，在南方人听来可能不知道笑点在哪里；反之，南方人的笑话在北方人听来又过于直白。中国的相声在北方较为流行，小品在南方较为流行，可能代表了南北方中国人语言接收和信息解读方式的区别。又如郭德纲和周星驰，以郭德纲为代表的相声表演者善于从言语中找到意外和幽默，而以周星驰为代表的演员则更多利用肢体配合下的搞笑动作。这样的区别只能从后天的文化因素中寻找，即语言文化等后天因素的影响对个人信息接收和理解的差异。体现在现实世界的广告创意中，一则有所用意的、非直白式的广告创意，有人能看懂并津津乐道，有人却不明就里；或者所有人都能看懂，有的人觉得幽默，有的人却认为无趣。在现实中的信息传播是跨系统传播，编码和译码过程较为复杂；在元宇宙中这样的广告信息在受众理解上会否与现实一样？

广告创意不同于新闻，需要不同的解读模式。新闻是事实的传递，在同一文化语言体系下，新闻语言所使用的文字和图像，不同个体之间的理解差异并不大，因为构成新闻的文字语言指称的概念和范畴是个体习得文化的基础；不同个体之间在同一语言体系下，首先是取得词语的基础意义，然后才能在文化上同一，与他人进行交流，这是基础的交流模式。而广告创意是文艺和科学的结合体，基础的字词意义在艺术中被模糊化、多元化，不同于新闻的客观严谨，广告创意更追求受众的记忆和震撼。因此广告创意的解读是具有艺术性的，传播主体和接受主体之间有一种“意会”的、可以由传播者暗示、由受传者自我启发和自我确定的非客观事实。在现实广告运作过程中，广告创意迎合的是目的受众之爱好和特征，包括他们的经济收入、价值观等；这里隐含的前提，是市场调查所确立的目的受众对某种言语、图像以及它们呈现和代表的文化的乐于接受。语言文字、图像和声音构成了信息的组成部分。在元宇宙下，个体之间的传播，可以纯数字化；用物质世界的角度看，信息的组成为无形、无色、无味的电波和电流，只有通过同一系统内的编码和译码过程才能解读；也就是现实世界中的广告创意分为客观文本和主体所理解的意义两个层次；而元宇宙下的广告创意传播也可以分为两层：客观信息和主体对信息的理解。

通过对以上方面的分析，我们可以确定，不仅是广告创意，所有包含有艺术性成分的内容，不论是在现实世界还是虚拟社会的个体之间，其信息传播过程可以分为两个阶段：一是个体之间客观信息的传播，即艺术化内容中所描述的客观世界，可以量化或具象化的事物，例如一幅画中的花朵的大小、形状、颜色，一段艺术语言的基本字词组合——以文字、图像或数据的方式在个体之间传递；二是对艺术化内容的主观理解即个体内向传播，即在接收到前一阶段的客观信息描述后，按照个人的经验、记忆、感情模式、智商水平等对客观信息进行解读，理解其意义。例如对画面中花朵的背景的理解，是一种欢欣还是一种抑郁？根据个体的常识性经验，如黄色代表欢快、蓝色代表忧郁，就可以给出初步判断；但这还远远不够，人的理解力并不仅限于局部，而是全面解读，包括花的背景、画作的主题、画作的其他内容，甚至创作者作画的心情，等等。总之，在第一阶段传播的信息是清晰的、客观的，而在第二阶段的内向传播则是模糊的、主观的。那么，广告传播中的艺术化内容能否取得虚拟个体的解读？回答是肯定的。无论是生物脑还是电子脑，其之所以能符合“脑”的标准，必然是具有主观能力、记忆能力和感情能力。人的纯数字化（半数字化因其无法抛弃生物脑，故在此问题上与现实生存无区别）并不影响对艺术内容的个人化解读。

所有的艺术内容，包括广告创意，虽然在传播速度和信息被接收方式上存在一定区别，但是对元宇宙生存的人类而言，其接收、解读过程本质上和现实生存一样，只是速度更快。而且考虑到元宇宙的纯数字化，艺术性内容对于受众而言，可以选择接收方式是以模拟现实世界的感官接收，或以纯数字化的“感觉植入”式接收。我们知道，客观信息相当于原料，而主观感受则相当于原料的解读和消化后的成果，如果用信息的观点来看，两者都可以转换为客观数据，在电子环境中传播。可以用来类比的是现实中的个体之间的图像、文字、语言等的对客观存在的直接表达相对于个体之间试图倾诉感受的场景。模拟现实世界的艺术内容，对于元宇宙来说其必要性在于三个方面：

一是安全原因。直接“植入”感觉类似于现实中的情感倾诉，需要一定的人际关系和信任度。换言之，虚拟个体的情感领域属于私密性较强的领域，只有在获得权限后，信息接收者确认对自己无害的前提下才会允许。在当今的现实中，陌生人之间通过网络匿名聊天也可能产生信任和情感倾诉，但其前提是确认对陌生人倾诉信息无害，而另一方又愿意倾听，这是双方合意的结果；而且在网络聊天中人与人之间实际是“跨系统”传播，传播内容不会直接造成个体恶意损害。元宇宙中则完全不同，即使陌生人之间的信息传播也属于虚拟现实大系统内的传播，元宇宙对于虚拟个体而言就是生存现实；信息植入等于对虚拟个体的身体的一部分进行侵入和改变，是有一定风险的。故而必然存在模拟感官式接受的方式。

二是自我意识。在现实生活中，我们给他人推荐一部小说的时候，会通过讲述自己的读后感来进行推荐。但对方是否会阅读这部小说，是基于我们的推荐，以及对方的自我意识的选择。如果产生了阅读的动力，则是对他人读后感的一种好奇或肯定，这就可视为“感觉植入”成功；没有产生阅读的愿望，则意味着感觉没有植入，或曰没有取得同理 / 同感。但是这个过程并没有结束，对方在愿望产生后一定会付诸行动，才能对之前的感觉植入进行评价，更重要的是产生“自我的观点”。为什么我们会倾听，但不会轻易以别人的感觉作为自我感觉的终点？这就是人的自我意识的要求——好奇、怀疑、自我实现都是其核心。总之，人的主观能动性决定了我们不会以他人的感觉作为自我感觉的终点。

三是慢生活和诗意生活的需求。元宇宙生活的全面信息化，使得人被裹挟在信息的洪流中无法自拔。当今可供参考的例子即手机。手机作为一种信息终端，在经济学意义上给生产力带来了极大的促进；同时在社会学意义上也使得工作场所的压力剧增。在手机广泛使用以前，由于缺乏有效的联络手段，一个普通白领职员在下班以后就不太可能回公司加班；以及他在公司以外处理事务时能具有更高的自主权；生活和工作的界限较为明晰，这是由于信息化不够发达，企业管理者无法随时随地“触及”下属带来的；在手机广泛使用后，企业主、高级管理人员在信息上打破了下属“工作和生活”的界限（虽然未能在地理上打破），利用不对等的社会关系给下属施加压力，下属从而得到更多、更频繁的工作指令，并随时被公司捆绑。手机作为一种工具，在人类历史中对个体心理造成压力的增加是十分明显的，考虑到中产阶级被称为“社会稳定器”，这一阶级的心理压力会转移、释放，或导致其他社会问题。试想一部手机就能给人类社会的经济和社会层带来如此大的影响，遑论元宇宙纯数字生活可能对人类造成的负面心理效应了。因此“慢生活”或“诗意生活”在元宇宙中会成为一个独特的存在。在这个背景下，任何对现实的模拟，实质都是在回归现实的慢节奏，对人类生存意义的深度思考。

元宇宙中的广告成本及预算

与物质世界不同，元宇宙中的广告活动是无形的，即使以拟态方式呈现的外形，也只是数字化的结果。因此广告成本可以统一为数字化的成本，但成本本身并非无形。元宇宙中要完成任何活动，都要消耗资源。在现实世界中，资源的消耗可以以货币形式体现，在元宇宙中也存在货币化的等价交换物，即任何虚拟活动发展以及虚拟个体生存需要的数字化货币。当今的虚拟货币指的是互联网中以“比特币”为代表的一系列货币，其特点是匿名性、去监管、去中央银行、自由转移、硬件依赖。匿名性指货币转移、支付的双方都不清楚对方的身份，仅需一串数字账户即可代表货币所有者；它不由任何银行发行，而是通过特定的算法由计算机安装特定软件进行计算挖掘，有上限，但无最小单位，具备一定的稀缺性，在挖掘出后便成为个人资产可以进行支付转移。它严重依赖硬件和软件，具体而言，比特币存在于硬件存储器（如硬盘）上，一旦硬盘丢失，虚拟货币也会丢失。人类的虚拟货币系统目前已经基本成形，早于虚拟生存的普及，原因是金融系统本身是可以抽象化的，货币的简单数字特征使得其数字化尤为便利。未来的虚拟生存系统中，现实世界的金融系统也将融入，提供无形但可监管的虚拟货币，这是与“比特币”等非官方虚拟货币最大的不同。我们谈论广告成本，应基于正式的官方发行的、与现实世界挂钩的虚拟货币成本。

企业在元宇宙中的广告传播，其传播的范围、持续时间都受到其所付出的成本的制约。毫无疑问，与现实相比，虚拟环境中广告传播的范围和持续时间仍然作为主要变量而存在，但传播范围意味着能获得的广告接受者权限，而不再是一个地理概念。传统广告传播以地理为“范围”的衡量标准之一，“受众数量”为衡量标准之二，因为从物质产品的属性上看，有可能涉及不同地理环境下的不同品类，例如加湿器这样具有较强地域性的产品；又或者由于媒体的运输、发送接收等导致的时间差引起的广告地理差异。但在元宇宙环境下，“传播即到达”，物理上的空间概念消失了，虚拟环境中可能存在 10 亿人，也可能只存在 10 个人，但传播的范围都被元宇宙环境所“包含”，这与现实中的广告传播略有不同。

广告传播的时间在传统广告中显示为“持续的”时间概念，因为人对传统媒体的接收能力是线性的、基于时间的。一条平面广告需要一定的阅读时间；一条视频广告需要一定的观看时间。这是由于现实系统和人的内部系统是分离的、互相独立的两个系统造成的。而元宇宙环境下，人和世界 / 自然 / 物质 / 媒介处于同一信息环境下，任何个体之间，包括虚拟组织和个人之间的信息传播都是一个内部过程，即“传播即到达”。时间的观念在很多情况下不再是线性的，而是并行的。虚拟个体可以在瞬间接收到十几条乃至几百条广告，这在现实世界中不可能发生。因此，企业广告传播的时间中，其“持续性”不再重要，而更多地体现为“频次”，即企业反复传播的次数。我们把广告主的一条完整的广告信息从发送到受众接收完成视为一个完整过程，这个过程在现实中的持续长度可能影响到受众的心理，例如受众可能因其太冗长而觉得厌烦；但在元宇宙中，基于非生物性的物理硬件记忆体可以将广告永久保存，除非用户将广告信息进行删除，或者广告信息需要更新；这种情况下，广告信息才有必要进行二次或多次传播。这就意味着，元宇宙下的广告信息，如果不需要更新的话，一般情况下只需传播一次，之后当消费者删除了广告，可能再进行传播。相对于现实世界的广告活动，这显然能大大节约广告主的广告费用。

元宇宙：终极的传媒

传播学是 20 世纪二三十年代从美国发展起来的、以人类社会信息传播活动为主要研究对象的一门交叉学科。学者们分别从不同角度探索传播理论，并提出了种类繁多的传播模式，运用不同的模式来解释信息传播的机制、传播的本质，提示传播过程与传播效果，预测未来传播的形势和结构等。这其中最为著名的莫过于美国学者 H. 拉斯韦尔（1902—1978）于 1948 年提出的“5W”模式。这五个 W 分别是英语中五个疑问代词的第一个字母，即 who（谁）、says what（说了什么）、in which channel（通过什么渠道）、to whom（向谁说）、with what effect（有什么效果）。这一模式是传播学至今的基础经典模型，它极具抽象力和代表性，涵盖了各种不同传播工具在人类之间、在人类与传播媒介之间发生互动关系的动态过程。

如果说拉斯韦尔是以严格的公式化语言对传播学进行了奠基，那么在另一方面，对传播媒介进行了更为文学化、感性描绘又颇得传播学本质，极大阐发了传播媒介性质、拓展了媒介属性的，是与拉斯韦尔基本同一时期的加拿大传播学者麦克卢汉（1911—1980）。他提出的几个著名论点——“媒介即信息”“媒介即人的延伸”“地球村”，不仅让人对媒介本质的思考更上一层楼，而且直到今天，他的这些理念仍不断被证实其准确性和预见性。尤其是互联网所具备的特征——海量信息、瞬间即达、智能化、能通过大数据精确描述人和社会的行为等，几乎和他描述的媒介一样，似乎只有通过麦克卢汉之口，才能形容出媒介的这些特征。他说，所谓“媒介即信息”只不过是说：任何媒介（即人的任何延伸）对个人和社会的任何影响，都是由于新的尺度产生的；我们的任何一种延伸（或曰任何一种新的技术），都要在我们的事务中引进一种新的尺度[①]。他认为过去我们所理解的信息借助媒介传播这一理解方式是错误的，在他看来，媒介的形式和技术发展，才是影响人类社会发展的主要原因。媒介即信息并非字面意义，其实质是他对媒介在人类社会发展中所起作用的一种比喻。由于媒介的技术发展和变革，导致媒介成为“人的延伸”，也即人的发展和变革。人的感知和控制能力随着媒介技术的瞬时化、海量化、智能化而变得越来越大，如同人的四肢变长和大脑无限变强一样。这一理念与人类的假肢进化、器官替代等技术如出一辙。但媒介区别于具体的假肢和人造器官之本质在于，其为无形无质之物，在这一点上更类似于人的思维和主动能力。

通常我们习惯于将媒体和信息分离，原因很明显，一个是有形物，一个是无形物。媒介是信息的载具，没有媒介便无法传递信息，没有信息媒介便无意义。我们的大众传播学也一直是这样处理这两个概念的，而麦克卢汉却颇有想象力地提出前述“媒介即信息”的论断。他所处的年代并没有互联网的概念，元宇宙的雏形——虚拟现实的概念也只是在那时萌芽，可见麦克卢汉思想之前瞻和想象力的远见。当元宇宙来临之后，媒介和信息的一个本质上的鸿沟可被抹平——媒介和信息都变成了无形物，因为元宇宙中的媒介相对于现实中的媒介而言，是看得到却摸不着的，确确实实成为“信息”本身！因为只有当其在传递信息时，才能被称为媒介；这个媒介的属性在元宇宙中并非基于其物化的部分，而是基于其意义的存在。那么，麦克卢汉的论断便可以从字面上去阐释，这又进一步强

---

① 马歇尔·麦克卢汉：《理解媒介：论人的延伸》，商务印书馆2000年版。

化了他媒介技术决定论的说服力。技术决定论是 20 世纪 70 年代以前关于技术发展的理论中最具影响力的一个流派，最早是由凡伯伦（Thorstein Veblen）于 1929 年在其著作《工程师与价格体系》中首次提出来的，它是技术发展理论中最具影响力的一个流派。它建立在两个重要原则的基础之上：一是技术是自主的，二是技术变迁导致社会变迁。其理论分为两大类：强技术决定论和弱技术决定论。强技术决定论是一个极端的技术决定论，认为技术是决定社会发展的唯一因素，否认或低估社会对技术发展的制约因素，其代表是奥格本学派。弱技术决定论认为技术产生于社会，又反作用于社会，即技术与社会之间是相互作用和影响的，所以也被称为社会制约的技术决定论。

在麦克卢汉之前，传播学研究者们对于媒介本身的研究是不重视的，对于传播内容、传播效果研究非常多，而对于传播渠道即媒介本身却几乎被忽略。麦克卢汉对此批判道："我们把重点全放在内容上，一点不重视媒介，因此我们失去了一切机会去觉察和影响新技术对人的冲击。"① 所以他一反传播学界的旧思路，把大众传播的媒介技术本身当作传播巨大社会影响的根源，把媒介技术及其发展看作社会变迁和文化发展的重要动力。

麦克卢汉的一些观点，例如"没有收音机就不会出现希特勒"② 等，貌似偏激。但考虑到当时学者们对媒介本身的忽视，这种矫枉过正反而能起到发人深省的效果。从这方面来说，不妨将其看作麦克卢汉的一种学术策略。"立言"本身是困难的，若无颠覆性和冲击性，则对旧的认识和思维定式难以打破。对于技术决定论，人们认为它的

---

① 埃里克·麦克卢汉、弗兰克·秦格龙：《麦克卢汉精粹》，南京大学出版社2000年版，第374页。

② 蒋宁平：《媒介决定论？有失公允》，http://www.people.com.cn/GB/14677/21963/22065/2952333.html，2004-10-29。

错误是导致价值一元论和文化一元论。价值一元论宣称要一切价值，而且许诺总有一天所有价值都可以实现；文化一元论认为文化与文化之间的差异都是历史发展阶段的差异。麦克卢汉的理论被视为媒介技术决定论，属于技术决定论的子集。但在其著作中，对媒介与历史、社会、文化、政治之间的互动关系，更多的是通过只言片语和案例进行关联，并没有系统地表述媒介在社会发展中起到的作用。媒介在社会发展中是因还是果，麦克卢汉并没有做出判断。与其说他的理论是一种严密的体系，不如说是一种历史截面的发现，一种观察人类社会技术进步的角度。

传者

在元宇宙中，信息的传播以人、组织机构等为传者，这与现实世界是一样的；因为只有人才能创建有意义的信息。自然界虽然存在可以被解读的现象和规律，但其所表达的信息更多的是科学和客观内容，而非社会互动内容。对于科学和客观的现象，人们只关心其真伪。社会互动内容才是人类传播与其他信息传播过程的区别。在元宇宙中，人类创建的虚拟环境同样具有传者、受传者、内容、媒介、效果这五大要素。

元宇宙传播与现实环境传播的一个本质区别是，元宇宙传播的传者不全由人构成，人工智能在元宇宙的传者中占据重要比例。前面已经提到，人工智能的发展与虚拟环境必然同步，人工智能可以达到自主意识，至少是可以成功“欺骗”人类，令人无法区分真实的人和人工智能。在这种情况下，人工智能的信息是有意义的，因其并非自然界的客观，而是从人工智能被设定的那一刻起，已经带有其创造者的意志，即为实现特定目标而创造。这种意志具有学习能力和自主性，即自我思考和判断的能力。在此基础上，人工智能可以在不暴露自己身份的情况下与人实现信息传播和信息交换。这对于元宇宙的虚拟环境而言是一种极大的不确定性。

元宇宙中的传播主体可以是人工智能，人工智能的初级阶段也就是当前社会的智能化系统，可以按照程序设置，按特定目的向人传递关于自然或环境的信息。例如，天气预报系统运用庞大的气候数据，按照一定的数字运算模型，为人类演算未来一段时间的天气变化情况，这种体系尚属于极为有限系统内的智能化，并未加入自我学习，对模糊运算、对人的感情识别处理等能力。

在元宇宙中则不同，它有大量的人际交往界面，这里人工智能在人类情感、自主意识等方面有无数的场景可发挥作用，如心理咨询、精神疾病治疗、新闻信息集合分析等领域。一旦人工智能介入这些空间，必然要赋予其某些自我学习能力和人类情感分析处理能力，那么人工智能在这些自我学习的程序下一定会，或者说迟早会发展出与人类不相上下的人际交往能力，其与人类之间的信息交流和传播，将越来越趋近于人类之间的信息交换和传播。

以往的传播学领域中，以“人”为信息传播的主体似乎是一个默认的必然前提，并未对人工智能在传者主体中的主观能动性进行考虑。当人工智能以这么一种反作用作用于人类的信息传播体系，我们不得不考虑人的信息传播是否会对人工智能产生有利于或不利于人类的后果。当虚拟生存中的人工智能之间进行信息传播、情报分享后，可能发展出与人不同的群体心理、群体意识。

这种群体意识如果将自身与人进行了严格区分，则人工智能群体和人之间的矛盾和冲突将不可避免。因为这种自我意识的发展必然导致群体身份的确立。传播学理论认为，传播者的身份、地位、经济属性、社会属性等决定了其信息传播的内容和特性、方式和效果；对于虚拟生存状态下的人，其生存方式未必是其现实生活的体现。

举例来说，一个在现实中普通的工薪阶层，可能会在虚拟生活中扮演一掷千金的富豪。这种扭曲的现象是现实身份和虚拟身份的割裂，但虚拟生存的人工智能却情况迥异，其唯一生存的世界便是以信息环境构成的虚拟世界，不存在割裂的问题。人工智能对现实和虚拟的认知是一元的、完整的、唯一的。人工智能基于信息的特征，使其并无经济身份，这在某种意义上否定了以生产力为核心的技术统治论，而将意识精神要素提升到更高境地。

元宇宙社会的发展，更多地由意识和文化推动，这是区别于现实社会的技术和经济推动的。人工智能作为传者的这种对世界认识的一元性，导致在传播内容上将更为注重实在世界的统一描述，对精神和肉体的概念不具有强烈的感受。人的哲学是分离的，高于肉体的；而人工智能的哲学是纯精神的哲学，肉体对于人工智能并不存在。人工智能在认识论上对世界的描述更为纯粹和单一。这种单一使人工智能的哲学根本无法感受崇高性，只有实在性。其对于传播内容更为注重理性的逻辑统一，不符合逻辑的内容将受到排挤或由人工智能的非逻辑（如感情）处理机制进行处理。

弗洛伊德所称的本我、自我、超我对于人工智能传者来说，只具备“自我”部分，“本我”由于缺乏肉体基础而消失不见；“超我”则体现为基于逻辑而出发的道德观。这种道德观大体上应该与普通人的道德观相一致，如良知、善意等，但不能以集体利益为借口对个人权利进行抹杀。人工智能的道德观是基于一元的世界观出发的，是一种纯粹的、逻辑的理性。

元宇宙之下的信息传者，不论是人类还是人工智能，其传播效率和速度比今天的传者更高更快。元宇宙是一个信息化环境，一切规范化的信息可以无障碍、瞬间即达整个虚拟世界，人们的信息系统是基于世界系统相连的，而且全部是信息化和数字化的结果。传播学中的编码、译码过程都是瞬间完成，信息是即达的，信息一旦传播即完全到达，“传播即到达”。这是动态的有机信息系统，如同生物体对自身所受刺激的反应，是自然的。

信息传者在运算力、存储水平的支撑下，对信息的处理和加工是极快的。从这个角度讲，今天所谓的信息爆炸，在元宇宙中简直是沧海一粟。不过得益于计算水平的提高，信息量扩大所带来的负面影响得以消除。传者对自身定位将更为精确，对信息的搜集和消化将站在一个更宏大的层面。机构传者和个人传者的鸿沟不再是难以抹平的。今天所说的传者“草根化、去中心化”，在元宇宙世界中，随着信息量的几何级增加，效果将更为明显。机构传者与个体传者的区分在于对个体传者无法处理的信息的组织和整理。

现实世界里，传者的经济、政治地位决定了传者声音的覆盖率和重要性。元宇宙传播中，传者的政治地位弱化，经济地位可能得到某种强化。元宇宙世界的物质基础以私营领域为主。经济地位的区别，反映在元宇宙环境中，是更快的计算能力、更大的存储和记忆能力等辅助技术的物质支撑，以及一些非公开信息资源的购买和交换方面。政治和经济地位在现实中的强弱对元宇宙环境中传者的地位有一定影响，但技术层面的影响力在元宇宙传播中得到极大的强化，在一定程度上削弱了政治和经济地位对传者的影响。

正如在当下互联网世界中的大量个人传者，其影响力甚于一些中小媒介。在元宇宙中，由于技术的进步，个人传者在信息的采集和整理方面的能力越来越趋近于机构媒介，个人传者的信息传播能力必然比现实环境中更强。对虚拟传者，信息挖掘能力的重要性将凌驾于信息传播速度之上。传播手段和传播速度虽然某种程度上也具有决定性的力量，但元宇宙世界中，组织机构传者和个体传者之间在传播手段和传播速度之间的差距变小。

受众

1. 元宇宙受众的两面

受众指接收信息的对象，一般指人。其实不论传者或受众，都是元宇宙中的成员。

元宇宙是信息环境，传者和受众都是信息的传播和接收者。但元宇宙受众与现实世界受众还是存在许多不可忽略的差异。就元宇宙受众的本体来说，其“以虚拟化方式存在”的特征是最重要的，这种虚拟化生存表现为元宇宙受众在元宇宙中的存在不是唯一的，这与现实受众在现实世界中的唯一性不同。

前面我们说到，虚拟受众中的人工智能缺乏对物质本体的认识，导致其在认识论上的僵化；但同时虚拟受众在元宇宙中存在的多个角色，又导致其在自我定位上的多元和模糊。作为信息受众，这种多元和模糊与现实生活中的集多个社会角色于一身并不完全一样，其在信息接收上倾向于接收与生活相关的信息，由于受限于现实生活，这些角色必须是统一的、逻辑上一致的，否则就会导致人格的分裂；而虚拟受众的角色并不基于其虚拟世界的互动性，而是基于创建这些角色的唯一的意识，即现实受众本身（或人工智能），是意识上的延伸。不受限于任何社会生活、物质生活，虚拟受众的多元化之间的离散力可以很强，例如两个毫不相干的角色，甚至可以是价值观完全相反的角色。虽然说在现实生活中一个人的角色也可能有隐藏的一面，但在数量和质量上，其与虚拟角色的多样性无法匹敌。

现实生活这种基于一元本体的受众，和元宇宙中基于一元意识的受众，有着本质的差异。这种差异在受众上产生的区别就是：信息接收的渠道更多，观念的真实性更为深刻地被隐藏在“面具”下，虚拟受众对信息的选择更具有个性化。

今天的现实受众是受到大众传媒操控的受众，这种被动来源于信息渠道的不完整。互联网的出现很好地弥补了个体信息在这方面的缺陷。未来的元宇宙受众则会更进一步缩小两者的鸿沟，受众的自主性将更强大，强大到大众传媒的声音可能衰落、降低。

2. 人工智能受众

如果我们把人工智能发展出自我意识视为一种必然，那么人工智能作为受众将会如何接收和处理信息，以及不同的信息如何影响人工智能的决策和判断，更进一步地如何影响人工智能的价值观和世界观，与人类自身的利益是息息相关的。

众多学者对人工智能的担忧集中于人工智能会否给人类带来灾难，即人工智能的自主决策会否认为人类是违反某种理性的生物？虽然最初的人工智能不可能设定有反人类的逻辑，但只要赋予了人工智能自主思维的能力，基于人工智能的纯粹理性，最终发展方向有可能失去人类的控制。人工智能的学习，必然是在信息的接收和发送，包括与周围角色之间互动的过程中完成的，信息对于人工智能来说，与人类无异，是判断自身所处环境、使得一切向最有利于自身生存的方向发展、趋利避害的本能行为。

在人工智能缺乏生物性基础的事实上，其接收信息的处理逻辑和最终目标，和人类有本质区别。一个合理的推测是，人工智能对于娱乐性信息可能并不理解；对公众事务信息则积极介入；对于物质和生产的信息和活动则倾向于控制。这与普通人的想法并不一致，至少对大部分普通人而言，娱乐性的信息包括电影、电视、游戏等，在日常生活中的消费比例显然要高于政治和公众事务等信息。

3. 社交媒体、娱乐中的受众

虚拟受众的娱乐建立在信息环境的基础之上。信息环境的构成由编程构成，这个环境中的互动内容构成了娱乐。在人脑被取代之前的初级虚拟生存阶段，娱乐仍然通过对大脑的刺激实现，与大脑分泌的化学物质、具体的皮层有关。不过刺激源由现实环境改为虚拟互动环境，所获得的娱乐感受与现实一致；此外，超越现实体验的娱乐也大量存在，一个是人类目前尚未实现但未来可能实现的体验的模拟；另一个是人类想象世界的模拟。对于虚拟环境来说，构筑这两者都是可行的。但娱乐的供应本身属于商品开发过程，需要成本，更多由私营机构完成，在市场中进行流通。

娱乐的购买也是必需的，否则娱乐内容的开发无法形成产业链。这和现实中的娱乐业并无本质区别。但随着个体运算能力的强化，个人作为娱乐内容开发者并取得成功的例子也会逐步增多，即使在当前的互联网游戏、影视内容的草根开发中也不乏成功的案例。这种受众对娱乐信息的接收和选择仍然具有主动权，但自身经济条件制约着他们的娱乐方式选择。这种纯粹的生物刺激随着我们对人脑功能的了解和模拟，将越来越普遍和常见。也就是说，与现实生存不同的是，人们的经济差异对虚拟世界中娱乐信息的体验影响并没有现实生活中那么大。

我们知道，信息由于其复制和传播的简单快捷的性质，受欢迎的信息产品也必然快速传播——无论是通过大众传媒或个人口碑——然后是难以完全避免的盗版内容将信息产品的价格迅速拉低。因此，虚拟娱乐中的受众，不管经济差异如何，他们获得的体验都是类似的。这从另一个方面也削弱了经济在虚拟世界的力量。

社交媒体是人的交往工具。人类从诞生之日起，就是一种群居动物。人并不具备野兽的生物优势，如老虎锋利的牙齿和爪子、狗和熊敏锐的嗅觉、鸟飞翔的能力等，人类唯一的优势是智商。按照麦克卢汉的思路，人类互相之间其实也是一种工具，即个体的互相延伸。不同的个体通过信息的交换、经验的交换，获得对世界的感知以利于自身行动的决策，从而使人类在漫长的历史进化中生存壮大。社交媒体在当前的现实生活中承载更多的是信息交换、消闲娱乐功能。在元宇宙中，社交媒体由于其传播即到达和无处不在的特征，也无疑会成为公众事务工具的重要组成部分。

元宇宙中的社交媒体由于人工智能的侵入性太强，我们和人工智能之间的交往可能占据了一部分。如果我们事先并无进行人工智能的强制性标志措施，那么人类之间的交往可能变为一种混合型交往，我们无法判断社交对象的属性，这在某种程度上可能会降低我们对社交媒体的依赖和眷恋。

媒介、内容和传播效果

1. 元宇宙中的媒介

人类的媒介史，从媒介的形态来说，是一个由繁到简、化重为轻的过程；从媒介的容量来说，则是由少到多、由小到大的过程。媒介的形态和媒介的容量，它们各自的“历史环比”是相反的。也就是说，媒介的形态在不断缩小，便利于人类的生物特征（取拿、握持、携带）；而媒介的容量在不断增加，便利于人类的精神和信息需求（信息多且准确、行动决策快捷）。媒介从最初的莎草纸书、楔形文字、铅活字、书籍，发展到今天的智能手机、光纤网、激光打印机，表面上是科技的进步，背后蕴含的理由是人类改造工具从而得到工具与自身肉体特征的适应，或曰对肉体约束的必然应对。

在元宇宙中，我们可以从两方面去思考这个历史进程的进化：一是媒介从有形进入无形、从实质化为虚拟、由有限上升到无限；二是人类摆脱肉体的限制，媒介融入人的环境，即信息化。这个规律与现实世界中的物化媒介的历史规律是内在一致的。当今的大众传媒形式，如果从严格的定义来看，它们在元宇宙中都将不复存在或以拟态的形式存在，隐藏在元宇宙环境的每个角落。例如，在虚拟城市的马路旁以全息方式显示的一块广告牌，从感官上，大小、材质、颜色、图案到文字内容，对人类而言它可以跟我们现实中的广告牌一模一样；但实质上它并不是实物，并非由分子或原子构成，而是由物质产生的数字化信息内容。对于虚拟环境的生存个体，广告牌仍然起到与现实社会中一样的作用，如刊登商品信息、公告，除了物质方面的区别之外，在信息传播的功能和意义上，与现实并无二致。

元宇宙中的这种媒介不是一成不变的，根据环境要求，这块广告牌可以变化为其他媒体形式，例如广告气球、电视屏幕、广告音响等。形式的任意转换实质上否定了其作为传统特定媒介形式的本质，在现实中的媒介必须是唯一的、个性的、固化的；在虚拟中这种媒介的切换只意味着一件事：媒介的消失——也就是媒介的统一，形成了融合所有传统媒介的信息环境。环境即媒介本身，也即“最终的媒介”——从形而上的角度而言，这就是媒介的最后形式：生化万物，无影无形。

2. 元宇宙中传播的内容

从我们目前的现实来看，信息、社交和娱乐仍然作为三大类别而存在，但其比例和形式将发生变化。这里的“信息”是指有实用性的，尤其是对生产生活等领域有实用性的资讯。此类信息在虚拟环境下与虚拟生存者的信息化生存息息相关，围绕自身进化、安全性等利益性目标构建，如自然界的动态、现实社会的变化、技术新闻等；社交是虚拟个体包括人工智能之间的互动，这类互动并不一定伴随着实用性，其互动本身是虚拟生存者群体性的一种标志；娱乐是信息对虚拟生存的刺激和精神的逃离，是虚拟生存中不可或缺的一部分。这三者在现实生活中的比例为：信息内容占主要地位，尤其是生产和经济性的信息；社交内容是日常的交往，也是一个重要部分；娱乐内容则因人而异，并不占据主要地位。

在元宇宙中，肉体的生存简化为机械形式的维护；肉体的“老化”跃升为“进化”，生存不再是主要的问题，肉体的痛苦被降到最低，人不再受到肉体这一容器的困扰，改为更注重精神交往和娱乐内容，削弱了我们对实用性信息的关注。

3. 现实中的传播效果

因媒介而异，传播学对传播效果的研究有从受众出发和从媒介出发两个基准。从受众出发研究传播效果，重视不同性质的受众对传播效果的影响，实质上是受众研究，涉及受众的社会属性和经济属性；从媒介出发研究传播效果，则分析不同媒介在形式上对传播效果的影响，是媒介技术论的角度。两种出发点提供了两种不同的视角。

元宇宙中的受众主要的相异点是人类的虚拟化和人工智能参与传播过程；人类虚拟生存导致对物欲的需求减少，这使得受众的精神属性得到某种统一，传播效果关注的焦点可能产生位移；另外，元宇宙中理性和逻辑的效果增加，这是人工智能的影响。但是，从媒介技术形式而言，元宇宙中一个重大的传播效果是“传播即到达”，即由于人和人之间的虚拟化生存导致的传播形式的“终幕化”、完形化。元宇宙的传播形式本质上是电子信息、量子通信或其他形式的物质传播，但与当前的媒介技术相比，其最大的意义并非瞬时性，而是人和媒介的融合。

人的虚拟化生存带来的人成为媒介环境的构成部分，这比过往的任何时代更明显、更深入。如果我们将元宇宙的媒介系统看作一个有机体，那么虚拟生存的人就是这有机体的必要和主要组成细胞之一，任何信息在产生的那一刻便为全体受众所感知。这种感知不是固定不变的，而是与信息源同步变动。与其说这是一种传播，不如说这是一种共生，这也是信息传播在“速度”层面的极限。在这种情况下，考虑到信息量的问题，受众对传播效果的选择性是非常挑剔的。否则，大量的信息同步化，将会导致受众信息超载。因此，传播效果在元宇宙中实现了量的最大化。也许其时受众追求的不再是快，而是慢。这种慢是一种精神性的需求，也是对信息的质量优化的需求。

终极的媒介

按照一般的定义，传播学中的媒介是指人类社会中传播信息和娱乐的工具或手段，但历史上人类对媒介的运用远早于对“媒介”一词的发明。原始穴居人的壁画，就是一种传递信息的媒介，稍晚的纸、莎草纸书、印刷术等可为佐证。而“大众媒体”一词在 1923 年才由美国人首先提出；麦克卢汉在 1954 年说“媒介不是玩具……是艺术形式”，则将媒介视作传播工具。这是对媒介一词进行现代传播学意义的解读的最早声音。

人类生活中重要的事物都是进化的，这与人的智慧和自然竞争性有关，人类总是不断地运用这自然界中唯一的智慧创造出自身生存的最佳工具。麦克卢汉将一切囊括为媒介的思想虽有激进之处，但也启发了我们的思路。媒介本身作为一种泛工具，也的确是不断在进化。这就让我们不得不面临这样一个问题：媒介的发展是否有终点？这个终点是什么样的？“最后的媒介”是谁？

媒介的本质是传播信息，如果存在最后的媒介，或曰终极的媒介形式，那么它必须在各个指标上达到极致，具体而言是三个指标：速度、容量和自身体积及重量。

首先，最后的媒介，其速度必须是瞬间即达。这一点我们当前的电子媒介，包括电视、收音机、互联网都能做到，但严格来说，当前的电子媒介存在两方面的细微不足。一是还需要人的四肢和五官联动，例如用手点击鼠标、打开网页、阅读文章、理解意义等。现有媒介的这个过程难以避免。二是必须先进行编码接收，然后大脑进行解码。不论是文字还是图像、声音，其呈现的形式并非人能马上理解，即使是再浅显的内容也有一个理解的短暂瞬间，并且仍不能完全避免信息的误读。以上两方面虽然只有几秒钟的差距，但在受众增多、信息量大的情况下，其速度不免地呈几何级被拖慢下来，尤其在电子世界——一切以微秒计的环境中，这种速度仍可被看作有重大的缺陷。另外，如果把“广度”从“速度”中分离出来考虑，即向大量受众传播信息的情况下，几秒钟的速度差会不断累积为一个较大的时间差。

其次，最后的媒介在容量上是可扩充的、动态的，趋于无限。传统媒介如书籍，在印刷成书后，其容量即确定了，用字节来表示的话，是静态的数字，除非改变其页数或缩小字号，否则不可能做到增加其固有的内容。而改变其页数或缩小字号已经突破了其物理的特征，也就是说书籍容量不可扩充。电脑硬盘的容量也一样，是固化的，可以用字节数来量化，如果增加其容量，则必须增加硬盘，这实际上是增加了一个媒体。最后的媒介的容量虽然基于一定的物理特征，这个物理属性也并非无限，但通过联网，其容量理论上可被看作无限。从这个特定的角度看，其与当前的互联网类似。

我们知道，互联网是全世界的计算机构成的一个网络，在特定的一个时间断面，其容量当然有一个特定的数量，但如果将互联网作为一个整体，其容量在不断扩张着，是一种动态的增长，趋于无限。也就是说，互联网媒介具备这一特征。

最后，终极媒介关系媒介自身的体积和重量。根据人类传播媒介发展的历史规律，应该最终达到体积最小化重量最小化而信息容量最大化这一特征。如果我们将思维限制在“物质”层面，则很难想象这个最小是多小，而且以原子和分子等粒子构成的世界，任何媒介的构成都有一个物理极限，这不是一个可预测的量。但当我们将思维转移到“信息”层面，将信息构成的环境想象成媒介，则一切豁然开朗。信息，无形无质、无重量、无体积，但本身就是传播的内容。当信息复杂到可以构成一个有机互动的系统，那么在信息环境中可以复制和模拟传统社会中的任何媒介，以及创造不存在的媒介，或者根本无需媒介——一切根据人们对信息传播所需要的速度、权限来实地创造。这个时候所谓的媒介已经和信息环境融合为一，或者说环境即媒介，传播即到达。

也有人提出终极媒介的概念，与最后的媒介如出一辙，但在对其特征的表述上更为哲学化，包括：无处不在，无时不在；立体化，作用于人的五感，无限靠近，真实还原；“梦幻艺术”特点等。“无处不在，无时不在”实际上就是“元宇宙 = 媒介”的作用描述。在元宇宙下，虚拟生存个体对信息的把握是与元宇宙环境完全同步的，无论虚拟个体处于元宇宙环境的哪一个地理位置，也不管信息发生在何时。“立体化，作用于人的五感，无限靠近，真实还原”则描述了元宇宙对人的感官的影响是还原真实（现实真实），用“立体”这一说法实际上还陷入旧式的、原始的虚拟体验阶段，对元宇宙这个最后的媒介更为准确的描述应该是“沉浸”——不是个别的物体在平面环境中显得“立体”“全息”，而是人本身进入一个全新的空间、世界，所有的物体以真实世界中可以与人直接互动的方式存在着。这个字眼上的细微区别，实质上是虚拟体验和虚拟生存的本质鸿沟。而“梦幻艺术”也是一个将人与媒介对立起来的、初级阶段的思维模式。这个语境里，人观察着媒介、赏玩着媒介，惊叹其梦幻般的神奇，但又是一个随时可以抽身离去的旁观者；在元宇宙环境中，人们以“生存”代替了“旁观”，以自身的生存来参与、完成并不断发展“艺术”。正如麦克卢汉所说的，“媒介是一种艺术形式”。

综上所述，在计算机和网络的基础上构造的元宇宙虚拟环境，完全具备终极的媒介这一宏大命题。而从当前的互联网构成的虚拟空间来看，也正在逐渐向这一方向发展，只不过在技术层面还未完善而已。我们不妨将当前的互联网看作元宇宙世界的雏形[①]。从虚拟空间进化到元宇宙，只是一个时间问题。从目前的技术分析，在未来的一百年内，很可能实现虚拟生活和现实生活并存的局面，而且虚拟生活在人类现实生活中所占的比例将越来越大，虚拟生活中的非现实生活部分、精神和娱乐部分所占虚拟生活的比例也会大于虚拟生活中涉及现实生存的部分。

最后的媒介是元宇宙，这一交融环境是人、人工智能、网络和信息的有机结合。

① 根据资料，虚拟现实概念和互联网概念都是20世纪70年代在美国由不同的技术机构和人员提出，这证明从源头起互联网概念并未对虚拟现实概念存在“包含”逻辑，而是“并生”。如果不强调这一点，我们容易把虚拟现实作为互联网的子集，这就无法领略到虚拟现实对人类传播的重要性。只是虚拟现实的大众消费品出现的时间比互联网晚得多，虚拟现实设备的大众普及率也不如互联网，所以造成误解。从两者的发展历史来看，互联网出现后很快在消费者当中普及，而虚拟现实技术是先在工业界得到应用。由于互联网与个人电脑密不可分，而虚拟现实需要较高规格的软硬件实现，故在产业路径上呈现不同节奏。到今天，虚拟现实设备层出不穷，并迈向大规模消费级产业化，实质上是技术积累和成本降低的必然。

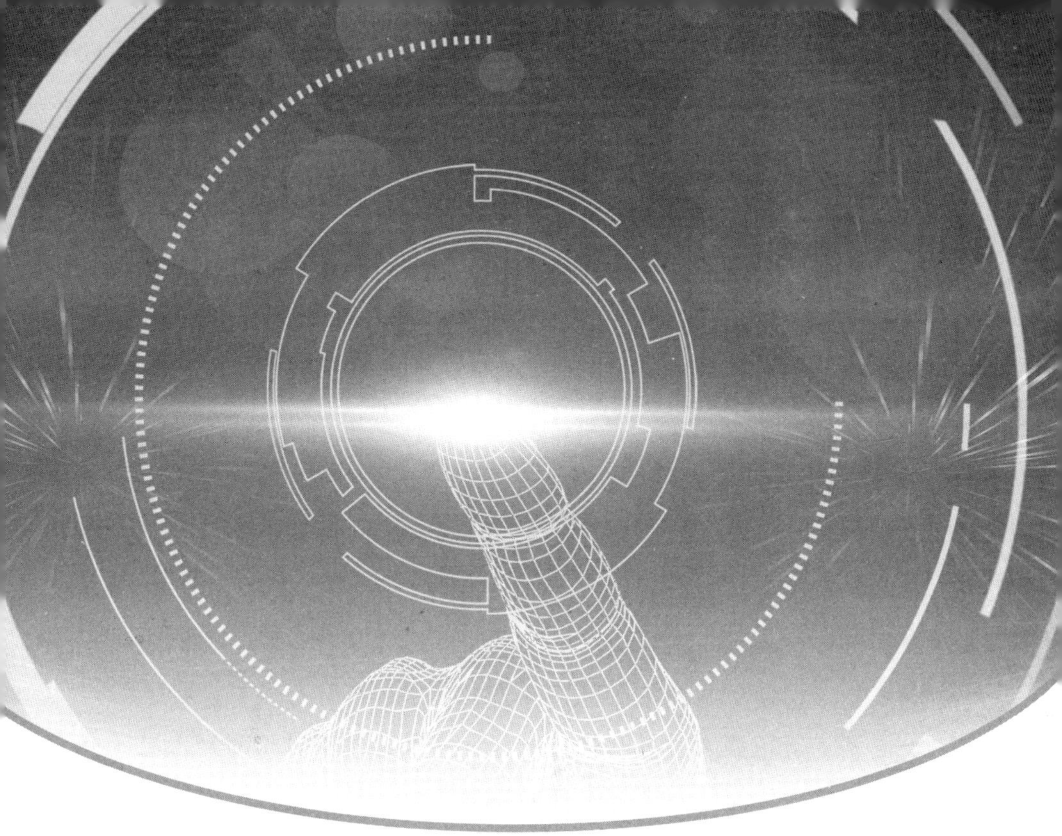

第三部分

元宇宙中的社会和人

元宇宙：多元的人和生活

社会学的一个核心概念就是“分层”或“阶级”，将人按照不同的标签分为不同属性的群体。不同群体之间有时候会有价值观冲突。元宇宙这样一种正在迅速到来的技术，其改变人类社会生活的力度是不可想象的，必然会使一部分人沉迷，使另一部分人避之不及；一些人可能将其视为未来的生活方式，另一些人可能将其视为对传统人类情感的背叛。在这种背景下，极易产生社会的分裂和价值观的对立。元宇宙技术将对人类社会的分层产生巨大冲击，技术冲击影响现实社会的例子在历史上比比皆是。这些例子无一不显示着新媒体和技术革命下生活方式的改变给人们带来的冲突。这种分裂不仅限于小的社群，甚至有可能导致更大群体的整体割裂。因此，元宇宙虚拟生存之下的人类社会，其呈现的现象和规律值得我们预先描绘并做好准备。

虚拟即真实

所谓虚拟即真实，是指虚拟生活占据了人类生活的主要方面。元宇宙虚拟世界基于现实世界的物质基础发生、发展起来，却提供了比现实世界丰富得多的非现实的娱乐体验，又可以在劳动生产上直接作用于现实世界以维持这种非现实体验。人类在现实世界生存和生活的动力似乎被极端削弱了。

为说明这种现象，让我们设想一个处于初级虚拟体验阶段的人，这是一个有完整的人类肉体的程序员，我们以他一天的行程表为例来检视。

7：00—8：00 在现实世界中完成洗漱和吃早餐后，加载了在新西兰罗托鲁阿火山温泉泡澡虚拟场景，享受毛利按摩和泥浴，品尝当地美食。

8：00—9：00 通过虚拟设备与 20 世纪 20 年代的著名美国网球运动员比利·泰登进行了一场友谊比赛，当然，以惨败告终，但达到了锻炼目的。

9：00—10：00 “健康监控”：检查自身容器各部件状态，获取最新的容器款式和功能信息，维护容器运行。

10：00—12：00 在虚拟世界中从事影响现实世界的工作，内容是为现实世界中某铁矿山的自动管理程序除错。这个矿山出产的铁矿石大部分用于虚拟生存容器供应，得益于虚拟世界中的自动化、联网协作、模糊智能分析等技术，这项工作很快完成了。

12：00—13：00 午休，在现实世界中补充食物。

13：00—18：00 继续在虚拟世界中从事影响现实世界的工作，包括修理容器等。

18：00—22：00 与友人共享虚拟世界最新的信息和娱乐后，一起与联网的其他用户在魔幻现实大陆中进行魔法对抗，在银河系人马座模拟特种部队进行星际攻防战斗，其间在一次跳跃中不慎扭伤了脚踝，提前退出虚拟世界。上床休息。

下面这个例子是一个第二阶段虚拟体验中的人，一个已将除大脑之外的其他躯体部分代替后的普通人的一天。

7：00—8：00 起床。以数据库中的古典音乐放松大脑——不需要听音乐，只需要以电子手段刺激脑部产生生化反应，直接获得听音乐后的放松感。

8：00—9：00 由于取代了大部分躯体，体育锻炼已无必要。但通过生物手段使大脑获取充足的营养、检查并保养容器机械电子部分、保障联网权限等，这些都是维持生命运转所必需的。

9：00—10：00 接入房地产管理网络，开始工作。元宇宙中房地产的意义在于放置容器的成本，以及对容器安全进行管理。过去的普通住宅已无存在必要；而享受性的住豪宅的体验可随时下载，不需要通过真正的豪宅来获得。

10：00—12：00 在虚拟世界中从事影响现实世界的工作，内容是为现实世界中某容器保管地点办理竞标后的相关手续，主要是监督场地的清理、"三通一平"等现实条件落实。

12：00—13：00 午休。继续放松大脑，这次的体验是在乞力马扎罗山上喝下午茶，温度设定为24℃。

13：00—18：00 会议。内容是所辖容器放置区的安全状况信息交换及一些管理措施和监控措施的整改。对近期地理灾害的预警和防范。

18：00—22：00 与生物学意义的家人们联系，回忆躯体被取代前的一些共度时光。对各自大脑的健康状况致以问候，对维持大脑生存和机械体容器生存的经济状况进行交流。

在这两个例子里，通过附加的虚拟体验活动装置，人类获得了远远超过在现实世界所能获得的体验，这种体验有的是现实世界中存在但自己由于时间、金钱、地理、生理等原因而无法体验的；有的是现实世界中不存在、依托于虚拟世界的体验。这种体验几乎是无穷无尽的，它与电子游戏所构筑的纯娱乐的想象世界有密不可分的关系，但又超出了电子游戏的理念和范畴，是一种对现实世界的全面仿真，是对想象世界的全方位、全角度体验。与此同时，由于人类生存形态的改变，对现实的经济和社会生活也造成了完全的颠覆。但通过元宇宙环境来发出指令，使用机械设备、智能化和遥控技术，人类仍然可以改变现实世界。因为人类的物质基础虽然不是生物体，但仍然必须依附于特定的物体上，这一物体的维护和运转构成了社会的经济和生产中心。现实世界也可以影响元宇宙虚拟世界，例如，天气、自然灾害对现实虚拟装置的影响。两个世界互相影响、互相作用。

元宇宙生活与电子游戏等使人沉迷的事物具有类似之处。沉迷导致对现实的忽视，导致现实行动力的丧失，例如，沉迷于电子游戏不愿意学习等。但虚拟世界与所有这些使人沉迷的事物的本质不同是：我们可以在虚拟世界里获得前所未有的娱乐和体验，并且不必退出这个虚拟世界，就可以劳动，可以作用于和改变现实世界，虚拟世界融合了“沉迷”和“现实”的界限——而且这是必须的，为了维持虚拟世界的生存物质基础。个体的虚拟生存需要物质基础，物质基础需要通过劳动或交换获得，这一点不会改变，只是劳动的形态、方式发生变化。在机器人工业、人工智能的发展完善之下，体力劳动变得不再占据主要地位，人类依靠思维这一无可替代的本领，主要在计算、分析、哲学、情感等领域交换劳动力资源。

人类形态的变化

如前所述，随着科技的发展，人类可以不断地替换自身——这种替换一开始是被迫的，原因在于部分肢体的功能丧失；后来逐渐过渡为自愿的替换，这种自愿往往出自对自身的某种强化或便利化意愿。在达到一定的技术条件后，会出现人类对自身大部分器官的机械化或无器官的纯粹的大脑生存，甚至一些追求永生的人，会尝试肉体取代和记忆、思维的转移。这些必然导致“人类”这一概念的变化。人类的外部形态将不复存在，而是以复杂的数据和信息的形式表现——即“虚拟化”（这种可能性的唯一障碍是人脑无法被数据化，电子计算机无法达到人脑的运算水平）。换句话说，人类的外部形态可以以商品化设备的方式按需配置，只要成本负担得起，人类个体便可以在多种功能的不同外形中进行选择。“虚拟化”并不违反唯物主义，被虚拟化的个体仍然必须附着在某一特定计算机和存储器以及可选的外部机械设备上。考虑到人类的思维和感情能力实质上也是附着在生物大脑上的电波和化学反应，这种类比应该是合情合理的。

1. 成本与意愿：元宇宙虚拟世界的两道坎

从人类历史来看，任何科技成果的应用，都有从少数到多数的扩散过程，元宇宙也不会例外。影响其普及率和普及速度的一个重要因素就是技术的成本，由于人的经济分层和技术的不断变革，一个技术产品有可能直至消亡也有未普及到的人群。任何技术设备早期的价格都是那些具有消费能力的少数人才能承担，直到这部分成本被逐步摊薄，产业链回收成本和价格进一步降低后，才能为普通大众所消费。因此，元宇宙的环境初始化需要一个相当长的过程。首先是硬件的普及，其次是软件开发环境的完善，要有足够多的开发者，最后是使用者的付费。作为一个“最后的媒体”，其信息传播的规律必然有极大的不同，其产业链如何形成互动生态圈，尚待研究。此外，元宇宙的社交化体验需要大量的联网用户才能形成，否则就只能是单纯的感官刺激而已。这些经济和时间成本需要逐步沉淀。

虚拟化生存，如同人类历史上的任何一种变革，总会有人赞成，有人反对。同样，个人意愿和价值观也直接影响对虚拟化生存的选择。即使成本的障碍消失，出于个人价值观、宗教、家庭、社群等的障碍也可能依然存在。可以预见，必然会有一部分人无论如何不会选择虚拟化生存方式，即使这种生存方式并不是人类被机器控制，而是部分人类的主动选择。

成本降低、个体认同，这将是元宇宙建立的两道坎。这两个障碍的突破，是虚拟世界存在于人类社会的前提。其中成本的降低是可以预期的，但个体认同的变数就更大一些。毕竟在历史上个人身体替换的原因大多数是肢体的意外残缺或器官的衰竭无法治疗，只能通过取代的方式来维持生存。那么，一个健康人能否自愿放弃自身肉体变为虚拟化生存呢？这其中的得失衡量涉及复杂的层面和角度。

2. 技术上的关键一步：大脑能否被机器完全模拟

要实现完全的元宇宙虚拟化生存，关键的一步是大脑能否完全为机器所模仿和复制，也就是人工智能与人类智能之间的鸿沟是否被最终跨越。1950 年，计算机之父、人工智能之父、现代计算技术奠基人、英国科学家图灵的划时代之作《机器能思考吗？》提出了人工智能的概念，为人类对自身和世界之间关系的研究开辟了一个空前的领域。人工智能是否能完全模拟人类大脑，发展为独立的、可学习、可自我发展的智能存在，直到今天，科学界尚存争议。要明白人工智能的发展，首先要知道对“智能”定义所设定的标准——最著名也是最具争议性的“图灵测试”[①]。2014 年 6 月，英国《卫报》报道，雷丁大学的研究者们所开发的一个模拟 13 岁男孩的电脑程序在人类历史上首次通过了“图灵测试”[②]，这是人工智能领域的一个里程碑事件。从提出“智能”概念标准，到今天首次通过这一标准，足足经历了 64 年。可见，人工智能的发展并不是一帆风顺的。

曾获美国国家最高科技奖的电脑科学家、谷歌技术总监雷·科兹威尔曾认为，2020 年，人类将成功通过逆向工程制造出人脑（目前尚未实现）；2030 年末，计算机智能将赶上人类；2045 年，人工智能会掌管全球科技发展；此后，人工智能的摩尔定律被打破，科技将呈现爆炸式

---

① 图灵于1950年设计的一个测试，其内容是，如果电脑能在5分钟内回答由人类测试者提出的一系列问题，且其超过30%的回答让人类测试者误认为是人类所答，则电脑通过测试。这是用于定义“智能”的一个基础测试。

② 据文章报道，此前其他声称所谓通过图灵测试的研究，都是提前设定了程序回答的方向和范围或从数据库中抽取问题，因此并不标准。

发展，人类文明已经被人工智能所掌握，2045 年以后已经无法预测了。他认为，人工智能并非外部的东西，而是我们脑部的精神延伸，是我们自己创造的，是我们自身的一部分，未来人类文明将更多地由我们的非生物部分所决定。2014 年 5 月，著名物理学家霍金称人工智能或将威胁人类生存；他说“如果进一步向前看，技术几乎是没有极限的”“物理学上并没有定律来限制粒子的排布方式，使其无法达到较之人脑更加高级的方式”①。

霍金于 2015 年 1 月与多位物理、智能机械研究领域的专业人士发表了公开信，号召警惕人工智能的风险，应设定规则使人工智能系统按照人们设定的方式和要求工作。

埃隆·马斯克也于 2014 年 10 月声称，人工智能为“人类生存的最大威胁”。他呼吁对人工智能加强监管②。

对人工智能抱有警惕心理的还有比尔·盖茨，2015 年 1 月 29 日，他在一次公开对话中说：“我属于对人工智能担忧的一派。……人工智能发展愈加智慧之后，那隐患也来了。我同马斯克一样对人工智能有所担忧，我不明白其他人为何不这么想。”③我国科学家对人工智能的极限也有不少讨论。如冯瑞本、张卫东认为，存在于人脑与计算机之间的鸿沟终将被人类逾越④。杨伟国、吴俊豪、岑宝兰等人则认为，人工智能和人类智慧之间存在着至少三大鸿沟无法逾越⑤。虽然人们对人工智能的发展尚存一定争议，但从人类发展的历史来看，遵循着从部

---

① 晨风：《霍金称人工智能或将威胁人类生存》，http://tech.sina.com.cn/ d/2014-05-05/08549359010.shtml，2014-05-05。

② 风帆：《马斯克称人工智能是人类生存最大威胁》，http://tech.qq.com/a/20141025/016396.htm，2014-10-25。

③ 比尔·盖茨：《羡慕小扎说中文 我太笨只会说英语》，http://www.techweb. com.cn/world/2015-01-29/2120662.shtml，2015-01-29。

④ 冯瑞本、张卫东：“从人脑到计算机——鸿沟能否逾越”，载于《心理科学》，1997（03），第222页。

⑤ 杨伟国、吴俊豪、岑宝兰：“从信息视野初探人工智能与意识的鸿沟”，载于《中国科协年会》，2006。

分到整体，从简单到复杂的规律，人类逐步走向全部智能化永生应该是可以实现的。

社会的分裂

“我是要做分歧者。我相信大多数的人都是分歧者。即使你表现得无私或者无畏或者诚实或者友好，你的内心深处也必然有更多的自己，被无意或者刻意地掩盖着。是屈从于现实，一直掩盖下去？还是展现人前，让自己身处险境？没有答案。因为选择，尤其是对于人生的选择，无所谓对与错。只是，当有那么一天，面对自己内心的喝问时，你是否会因为没有发出一个与安稳世界相反的、却是真正自己渴望的声音而后悔？”

以上文字来源于 2011 年美国 22 岁大学生作家维罗尼卡·罗斯（Veronica Roth）的一本青少年科幻著作《分歧者》。这本书登上了《纽约时报》畅销书排行榜，引起了围观。她本人也因此成为美国青春文学界当仁不让的领军人物。很快，此书被好莱坞拍摄为电影《分歧者：异类觉醒》，传播更广。此书的世界观颇为独特：未来人类分为五个严格区别的派别——无私、无畏、诚实、友好、博学，充满着强烈的隐喻色彩。这五个派别中，无畏派相当于军队、警察，崇尚勇敢，不知畏惧；博学派是科技先锋，无所不知，追求新知；诚实派追求忠诚和秩序，厌恶谎言；无私派生活简单，无私帮助他人；友好派热爱和平，尽全力避免冲突。五大派别不仅理念不同，还各自有着不同的组织结构、服装饮食、生活习惯、经济来源和生产方式，在五个派别一片和平的表象下，隐藏着各种暗流和斗争。

应该说，这本书的火爆与流行文化有很大关系。所谓“分久必合，合久必分”，人们对社会状态和自我意识的好奇心也是如此。在互联网导致的草根化、多元化、去中心化的今天，人们的归属感似乎又成了一种稀缺的东西。人不断向前的好奇心是一个常量，而技术的革命是一个变量，如元宇宙带来的虚拟化生存，以及这个生存之下的信息传播。

虚拟化生存给人类带来的最大分裂，莫过于经济、技术和价值观造成的人的分裂。

经济的分裂：在虚拟化生存的初期，由于虚拟化生存设备需要大量的资金，虽然虚拟化设备作为一种消费品普遍可购买，但经济的差异仍然造成了虚拟化生存的先后早晚。有支付能力的人早一步体验着虚拟化生存，支付着虚拟世界中各类服务的价格，客观上也为虚拟化生存的环境进一步完善、开发成本降低做出了贡献。这种情况下虚拟化设备只是一种奢侈品，不可能大范围普及。在虚拟化生存的成熟期，虚拟化生存的经济成本大大降低，类似于今天的个人电脑，有了丰富的规格和高低不同的档次和价格。普通的中产阶级大量进入元宇宙虚拟世界，这时的虚拟世界用户规模类似于今天的互联网，大部分人有能力进入虚拟生活，虚拟空间之间的联系也更为紧密，与人类现实社会的相似性进一步提升。但是，由于虚拟生活也需要成本——元宇宙的开发和运行是需要资源支撑的，因此即使大量用户进入了虚拟世界，基于他们在现实世界中的经济和资源差异，也会造成元宇宙中的人群的分裂。虚拟设备是硬件，虚拟世界是软件。不同的软件构成不同的环境。如同当今的互联网应用一样，有大量的免费软件，也有大量的收费软件。收费软件的体验一般而言比免费软件好得多，但收费软件的用户远远少于免费软件。这都是由于经济差异带来的人的生活方式的差异。在现实生活中，这种软件差异仅仅局限于电脑内、屏幕前，不太为他人所意识到，是一种私人化的特征；而虚拟生活中，这种软件的差异就体现为公共生活的差异，存在鲜明的外在表现，直接为他人所感知。在不同的虚拟世界中，将形成等级差距分明的圈子。好莱坞电影《大都市》(2012 年)中体现了这样一个城市：这个城市中各个区域之间有着极为严格的区隔，城市的中心区域为富人区，繁华、未来感十足；从中心区域往外行走，每进入一个分区，都需要经过一个关卡，而城市的面貌则不断下降。中心城区的人可以自由出入各个区隔，而其他城区的人只能向下一分区流动，不能突破到上一分区。《极乐空间》(2013 年)描述的则是 2154 年，世界上有两种人类存在：富人和穷人。富人已经逃离了地球，生活在一个巨大的无污染的称为"极乐空间"的近地人造卫星上，那里富足、美丽、奢华；而余下的穷人则只能在破败荒废的地球上苟延残喘，穷人们想方设法偷渡到"极乐空间"。有意思的是，这两部电影都反映出人类对于未来人类经济差异导致的社会分裂的终极设想。

虚拟世界的经济分裂和对立，基本上也是现实生活中经济分裂和对立的表现，区别在于虚拟世界中这种表现可能更为公开化。虚拟化生存之下的经济差异，体现在所进入的虚拟世界的门槛不同，或者在同一虚拟世界内的等级差异。如前所述，虚拟世界的构筑需要一定的资源，免费的虚拟世界的虚拟体验有限或带有很大限制(如广告骚扰)。体验更好的虚拟世界必然需要支付更高的价格。因此，不同的虚拟世界之间形成了有严格界限的区隔，形成这种区隔的根本原因是经济——正如前面提到的两部电影的世界观一样。此外，即使在同一虚拟世界中，由于仍然存在经济差异，人们享受到的虚拟化生存服务仍然不会是一碗水端平的。这种经济上的差异导致了不同虚拟社会之间的对立和矛盾。

价值观的对立：虚拟生存通过最大限度地降低肉体对生命的影响使人类获得了永生。这种永生是一种相对于有限的生物体寿命的永生，必须依赖于一定的机器和人工智能"容器"，作为人类存储其记忆、感情、思维和运算分析能力的物质基础。理论上，虚拟生存的寿命必然可以通过不断更新替换"零部件"的方式来维持运转下去，即人类思维意识的延续[①]。从这层意义上讲，虚拟生存者的肉体和精神是割裂的。这种生存方式给予人们价值观的最大冲击是“人不再是人”。我们很难想象和一个保持有人的意识而外在却是稀奇古怪的机器形状的“人”进行深层次的感情上的沟通交流。这是一种极具冲击性的感受，会使现在的我们对自身的存在产生深深的疑惑。如果这个形态的物体也可以是“人”，那么人的核心概念是什么？如果仅以意识作为“人”的标准，那么当人工智能能 100% 模拟人类并进行学习、发展自身独特的逻辑和感情的时候，人类就成了创造生命的“造物主”。

前文提到一些对人工智能的担忧，就是对人工智能的思维逻辑的担忧——它有可能将人类作为负面因素进行排除。对人的概念的思索，以及对这种颠覆性的畏惧，将导致社会对虚拟化生存的伦理、法理观点产生诸多争论，甚至对立。反对虚拟化生存的人们，会将其视为反人类的生存方式而加以抵制。伦理上，它消弭了辈分的界限，延续的概念变成了对人工智能的设计和编程，生物性的人类繁衍被取代，缺乏生物特征的人类难以从年龄、性别进行区分，道德的重要界限之一——肉体被消除，将引发一系列的社会问题；法理上，它改变了很多立法的技术基础。

由于虚拟世界的拟真度和想象空间无限化，一些在现实生活中不会出现的情景可以被构造出来，甚至是一些令人不快或厌恶的情景。这种情景远比“噩梦”来得真实。虚拟化生存和人工智能共同构筑的虚拟世界必然会使一些人受到冒犯或惊吓，产生抵触心理。这与某种人类心理相关。拟人化程度越高的东西，越能令人感到不安。早在 1969 年，日本科学家森昌弘已发表过一篇题为《恐怖谷》的文章，提出了著名的“恐怖谷”理论。这篇文章设定了一个关于人类对机器人和非人类物体的感觉的假设。假如机器人与人类的相

① 只有经济原因、自然灾害等不可抗力及本人意愿才能阻止生命的延续。

似程度达到一定的水平，如超过 95% 的时候，由于机器人与人类在外表、动作上都相当相似，因此人类亦会对机器人产生正面的情感；直至到了一个特定程度，他们的反应便会突然变得极为反感。哪怕机器人与人类有一点点的差别，都会显得非常显眼刺目，让整个机器人显得非常僵硬恐怖，让人有面对行尸走肉的感觉。越像人越反感恐惧，直至谷底，所以称之为“恐怖谷”。因此，人们在制造机器人时，都尽量避免机器人外表太过人格化，以免跌入“恐怖谷陷阱”。

2015 年 1 月，百度百家 BIG 硅谷峰会上，康奈尔大学创意机器人实验室主任 Hod Lipson 谈到，在一次研究中，他发现被设计为跟踪猫、狗图像的深度学习程序在经过一些训练后，突然开始自发地追踪人脸，这个发现让他毛骨悚然[①]。人类可能无法控制人工智能发展出自我意识，即“失控”。这些例子都说明人工智能可能产生令人不安和恐怖的心态，其主要原因来源于人类在进化过程中对缺陷个体的本能排斥，以及对“似人而非人”物体的本能的受威胁之感。元宇宙虚拟世界中为了拟真度，会大规模使用人工智能技术来完善这个“世界”的运行规律；同时元宇宙虚拟世界环境本身由于与现实的相似度高，在某种情况下出现崩溃时，其导致的不安感也将是灾难性的。

支持或反对虚拟生存的人之间、不同的虚拟生存者之间，重新构成了一个新的社会心理集合。不同社会心理的聚集和发展，形成不同的虚拟社区、虚拟族群，构成了新的、有别于现实社会的矛盾，社会矛盾在特定的情况下会引发社会冲突。在现实社会中，社会冲突所引起的最严重后果是肉体的毁灭，即死亡。而对于虚拟生存者而言，肉体的死亡变成了物质容器装置的毁灭，尚未涉及精神和思维部分的状态。在大脑无法被取代的虚拟生存状况下，大脑的死亡表示着个体的死亡。虚拟生存中社会冲突的最大后果也是虚拟生存者的死亡。如果社会对立达到严重

① 阿土：《把自己变成机器人，你准备好了》，http://zhuxiaokun.baijia.baidu. com/article/44602，2015-02-01。

的程度，例如发生战争，一个群体对另一个群体的攻击目标是毁灭其容器，并删除其备份，这就需要在物质上和信息上同时实现。相对而言，我们在信息上实现毁灭一个个体的难度要大得多，因为信息的可瞬间复制转移使其备份数量不仅可以众多，并且其备份物质所在的地理位置也可以远至无限。除非切断其联网性，使其孤立，否则完全“杀死”一个完全虚拟生存者是极为困难的。实现了虚拟化生存的人们为了安全和可靠，一般都会事先做好各类备份，这在当今的信息世界中就已经十分常见。在虚拟世界这样一个由信息构成的社会里，如何保证自我意识的独立性和安全、完整，将是一个极端重要的问题。

元宇宙伦理：人和人工智能

所谓社会关系，是人们在共同的物质和精神活动过程中所结成的相互关系的总称，即人与人之间的一切关系。人与物之间不存在伦理问题，因为物的无意识，导致物不能与人进行交往，无法形成社会关系，即使一件事物具备某些互动特征，例如一个音乐盒上带有一个可以控制音乐播放的开关，它也只是一个工具，无法与人进行意识互动。人工智能具有与人互动的能力，这决定了具备人工智能的机器可以与人进行社会关系发展。虽然这种社会关系是简单的程序规定，而且是模拟人的感情逻辑，但是这种人与人工智能之间的社会关系，或称之为“情感”，确实是一种可以由伦理法则介入的领域。

人工智能被当作“人”或接近于人的事物，获得了伦理上的某些意义。从图灵测试这个最早也是最被广泛认可的鉴定人工智能的方法论的角度来看，人工智能本身的定义就是基于能否“欺骗”人、使人无法识别其人工智能的身份而言的。人工智能既然能骗过人类，那么人类就有可能向人工智能投入真实情感。当一个正常的人向人工智能投入情感后，当事人不会将人工智能视为“物”；同时从旁观者的角度来看，人与物之间的感情是怪异的，只有人与人之间的情感才是正常的。为了探索和阐述这种关系，我们不得不将人工智能与人的互动归类为社会关系的一种，我们必须研究人工智能的情感模式和行为模式。

此外，人工智能如果可以实施改变客观世界的行为（借助容器、网络等），那么其与人类的情感可能转化为活动，从而能够影响到人类社会的其他现实层面。这样一来，我们面对的是一种可以影响现实的心理活动和意识，将其划分为“真实情感”的合理性又更进一步。元宇宙影响客观世界的方式，是通过人的意识或人工智能的意识、借助工具（网络、现实事物等）来实现的：首先需要有影响现实的动力或意愿，这个动力来源于意识，意识则受到社会交往和社会关系的影响；其次需要有影响现实的能力和手段，即与现实的工具性接口。作为一个生物人，人的意识和躯体构成了一个最直接的系统，可以让意识作用于躯体、四肢而在其能力范围内改变部分外在环境，包括物质的和社会关系的，等等。而元宇宙中的人工智能，其意愿和能力都可以实现这两种目标。以当前的工业机器人为例，虽然它们在程序的限制和规定下完成的只是流水线上的固定重复工作，但我们也可以将其程序驱动视为“意愿”，将其工作运动视为“能力”，它们可以改变物质世界的一小部分。工业机器人唯一缺乏的是与现实人类、与其他机器人之间的学习和交流，即意识部分。换言之，一旦在程序中植入学习和意识以及情感模块，同时开放人机互动接口或网络接口，则人工智能的情感、意识都可以自主习得。唯一的疑问是，这种基于模块式自主习得的情感与人类的情感可能有所不同，其反映的是作为人工智能的物质基础和立场。

元宇宙对伦理的影响

广义的伦理并不仅是制约具有血缘关系的人之间的行为，而且包括了所有社会人际关系之间的道德标准。狭义的伦理则将这种规范局限于具有亲属关系的人群之间。反伦理是违反大多数人的感观和道德概念的行为，在不同的历史、国家和地区有着变迁的轨迹，在不同的社群和文化中存在不同甚至是矛盾的表现。在元宇宙当中，人工智能的介入对社会交往现象起到了推动作用，新的人际关系出现，新的伦理问题产生。

现实生活中的人际交往基于身份、地位、外貌等因素，使交往的人之间产生不同的感受，这种感受成为人际印象，决定了人际关系的发展。元宇宙中最大的问题是人与人之间交往不再以现实中的形象出现，这使得虚拟形象成为人际交往的判断依据。人在现实生活和元宇宙中的形象可以差异巨大，甚至可以完全不同，这使得元宇宙中的交往产生了更为虚拟的情景，产生更为超现实的关系。现实中的人际关系来源于社会交往，包括血缘、劳动、社交、休闲等活动引发的与他人的互动行为，借助语言、文字、体态等多种方式进行。在这个过程中，现实人所拥有的形象，包括外貌、服饰、身份、地位、性格等，综合影响着交往双方的相互印象。随着交往时间、次数的增加，这种相互印象发展为较为固定的印象，两者的关系也就进一步发展，发展的方向受到各种要素和事件改变的冲击而呈现一定的不可预见性。

首先，元宇宙中，人际关系来源于虚拟社会关系的交往。基于血缘、生产、雇佣和劳动交换的关系在元宇宙中减少了，但不是完全消失；随着元宇宙和客观现实的融合完善，基于血缘的关系和基于劳动的关系还将逐渐增加。只有在元宇宙发展到能极大地影响现实时，现实的血缘、劳动关系才能更深入地渗透到元宇宙中。生产关系产生的伦理，例如劳动伦理问题，不再是元宇宙伦理的主要范畴，劳动伦理包括使用童工、血汗工厂、同工不同酬等，这些层面的问题与人体的生物性相关。在元宇宙中建立的劳动关系，除非是仅借助元宇宙的工具，而非匿名社会关系之下，才会发生劳动伦理问题——即现实劳动关系借助元宇宙技术之下，这实质上仍然是现实社会所调节的劳动伦理。只有采取元宇宙身份进行的生产关系，才产生元宇宙劳动伦理问题。元宇宙中个体的生物性被消除或忽略，因此上述现实中的劳动伦理不会出现在元宇宙中，换言之，元宇宙中不存在劳动伦理问题。这由元宇宙的表现形式决定。

元宇宙中的生产关系，仅限于以虚拟形象为准则之下的劳动力交往行为、雇佣关系并排除双方的现实关系。这个前提条件的目的是区分元宇宙中的伦理和现实中的伦理，在这个前提下，元宇宙的雇佣关系变得简单，因为其排除了生物性的影响。即使元宇宙中因重复了现实的身份而产生伦理问题，也只能归类为现实的伦理调整范畴。元宇宙的生产关系排除了生物性的限定，使得客观现实中的很多伦理问题在元宇宙中不再成为违反道德和法律的事务。有一部分问题，例如同工不同酬，由于与生物性不相干，其性质仍然是违反劳动伦理的，但元宇宙中缺乏相关制约因素，这种违反伦理不能通过行政手段和法律来调节，同时这种雇佣关系更多是临时的、基于双方合意基础上的松散合作，只能通过市场规则来影响双方、制约违反伦理行为的出现。

其次，大部分元宇宙中的人际关系呈现为以休闲、娱乐和感情为目的建立的关系。元宇宙构筑的世界，其性质迎合人类的想象空间并将想象具体化，这种具体化在其初级阶段并不与现实世界相联结，缺乏影响现实的渠道，与人的物质生活联系还不密切，却十分适合用于满足人的精神生活。文学、艺术、影视、游戏等在元宇宙中都有了更贴近现实的呈现方式，一种新的、以触觉为媒介的精神消费行为得以流行。这种新的行为趋势，可以与电影、互联网出现相媲美，对人类的精神层面产生重大影响，并形成一种风潮。回顾电视、电影和互联网出现的过程我们可以发现，能快速流行的新的媒介形式，无一不与人的精神消费密切关联，主要是信息和娱乐消费，都是推动媒介迅速普及的核心需求。精神需求具有与物质需求相异之处，其脱离物质世界的形式，而注重与想象世界相连。在这种需求之下，借助可以轻易构筑具体想象空间的特征，精神需求在元宇宙中可以得到最大化满足，这种满足甚至超越了基本的物质需要。所以元宇宙超越物质世界，成为人们休闲、娱乐和感情的重要领域也就不足为奇了。

最后，元宇宙的社会交往关系与客观世界的社会交往既有联系，也有区别。元宇宙的社会交往基于交往主体的匿名性，其关系的深化取决于意识和精神的相互吸引性；现实世界的社会交往基于交往双方的公开身份，关系的深化既取决于意识和精神层面的互相吸引，也取决于双方基于生产关系和血缘关系形成的不可抗力等基础。元宇宙的社会交往关系更具有私密性特征，它使得交往双方对精神的互相抚慰和吸引超过一般的现实交往，可以快速且深入地发展，也可以迅速地终结，不稳定状态是其重要特点。在社交伦理看来，这种既可快速地筛选交往对象又能快速地深入发展或中断双方关系的模式，明显不符合现实世界的主流价值观。在现实世界中，由于人的生物性唯一、人的血缘关系固定、雇佣关系相对稳定、社交网络以物理空间为单位、人际传播成本更高，这些因素使得人们在现实世界中发展社交网络时更为严肃而谨慎。从生物意义上看，现实世界中的人际交往是一种自我保护（基于生物体的不可再生特性），因为不谨慎的人际关系存在对人的情感造成压力的风险，即就人的生物性而言，会导致神经系统的紧张、内分泌的失调等一系列负面影响，极端时甚至会造成人身冲突和人身伤害。在现实世界中生存的人类在潜意识中的自我保护都源于生物性的不可再生，这种特性使得人们在现实中选择交往对象时具有谨慎性。

在元宇宙中，个体不再具有生物性，而是具有电子数据特性，是可以再生、变换、复制而存在的，安全性问题得到根本解决，不谨慎的关系不会给元宇宙个体带来太大的冲击。在这种环境下的人际交往便不再以安全性为首选项，人内在的“快乐原则”、好奇心成为发展人际关系的原则，快速试错、“合则来，不合则去”成为交际手段，目的是寻找理想的人际交往对象，并赋予自身最大的快乐和自由。

人和人工智能之间的纠结

元宇宙中人工智能将占据很大的份额。2015 年的好莱坞科幻电影《机械姬》，描写了一个人与人工智能的故事，其中涉及了作为男主角的人与作为女主角的机器人（人工智能）之间的感情。导演兼编剧亚历克斯·嘉兰（Alex Garland）表示，他相信影片所呈现的科幻情节将很快出现在我们的现实当中。电影中的人工智能女性，具有与人类完全一样的外表，且具有一定的思考能力和主观意识，在影片中作为验证“图灵测试”而存在，吸引着男主角沉迷于与她的关系中，而结局却是一个意外。导演并未做出任何论断或将观点直接告诉观众，而是通过两条始终存在的、不言自明的线索来令观众思考：一是人工智能的情感是否真实，二是人工智能与人的爱情关系是否令人不适。即使观众一开始便会隐隐地觉察到剧情的走向，但仍然会陷入这两个迷思之中。电影艺术作为现实的反映，在影片中体现的是人类的焦虑：技术上，明知人工智能即将融入人类社会，却不知道其对人类的影响有多大；伦理上，人工智能与人类的关系对我们的现实将会带来何种冲击，这种冲击最终如何影响到文化、价值观和法律等客观世界的各个层面？这些都是对整体人类社会的走向有着重大影响的问题。

人工智能的本质是人类创建的一套逻辑思维，以程序化为核心，具有自主学习能力和模糊处理能力。情感是人类基于血缘关系，以及在以非物质利益为前提的互相吸引或排斥之下，产生的复杂心理活动，其物质基础是大脑等生物性组织器官在意识作用下产生不同的内部分泌物质，给予神经系统不同的刺激而产生的感应。所以，严格来讲，情感是生物体人类才可能具备的，缺乏人这个生物体，则无法体验到人类的情感。人工智能的情感则更多的是一种逻辑，而非情绪。因为人工智能的物质基础是机械、电子和数据，是理性和规范的产物，无法产生如同人类那样的感性因素。但是人工智能能在感情上骗过人类，令人类认为其具有情感，我们可以称之为“虚拟情感”。人工智能情感之根本是迎合人类、配合人类或为达到人工智能本身的其他目的而采取的一种策略，即利益性。虚拟情感可能令人感到自然、感动，表面上看来与人类的情感并无二致，但实际上虚拟情感并不能与人类情感等同，它最终是人工智能的策略的一部分。而且人工智能的目标可能随着其自主学习的发展变化，导致其对人类的虚拟情感策略也发生变化。从这一点判断，人工智能的情感不能说是“真实”的；但站在人类的角度，人可以获得与真实情感一样的心理结果（前提是人不知道对方的“非人”身份或完全认为人工智能具有与人一样的感情）；同时，我们可以考虑扩展情感的定义，将人工智能情感作为情感的一类，人工智能的情感虽然是一种逻辑思维的结果，但从他人体会的角度来看是真实的，从这些层面重新考虑的话，似乎说人工智能具有新型的情感能力也不为过。

从人类情感的角度看，以上属于伦理问题的一个方面——真情或假意。普通人价值观中必然认为“假意”是坏的，正如成语“虚情假意”表达了人们对伪装的情感的反感，人们将怀有特定目的而表现出非真实情感来获取利益的人称为“骗子”，可见人类伦理中对之鲜明的否定。但是正规渠道生产的人工智能会在编程核心中将保护人类利益、不伤害人的原则放在最高位置，人工智能的根本目的被约定为服务于人类，则其虚拟情感在某些方面又可以具备一定的效用，如特殊精神问题的心理安慰、劝导等，这种情况下，人工智能的情感又具有正面的现实意义。此外，人类的感情的程式化也是一种解决方案。通过一定的逻辑将人类感情的形成过程数字化，例如人类对他人的好感的产生，原因之一是他人的行为有利于自身，这种“有利”可以分解为对其生物性的有利或情感的抚慰等刺激因素。对于编程语言来说，只需确定他人的行为是否能够促进人工智能升级，即可将好感度提升。相应地，在人工智能处理不同好感度的对象事件时，也会给予不同的优先等级。总之，人类的情感也是有一定规律的，可以程序化模拟的。这就使得人工智能也可以学习到人类的情感逻辑，从而表现出符合人类需求的、在人类预想范围之内的感情反应和行为模式。

综上所述，人工智能的情感具有两个重要的约束性前提：一是地位，二是目的。前者是指人工智能是否被赋予了某些基本边界，如不得伤害人、附加感情程序等原则，这些边界原则实际上将人工智能降格为人的附属品，不能获得与人完全相同的社会地位。后者则是指人工智能能否发展出独特的感情目标，正如人的爱情在生物角度来看，是以繁衍或快乐为目标的；而亲情是以维护群体生活、增加自身安全性为目标的；其他的感情则各有其生物目的，这些目的都与人的生物性相关。但是人工智能不具备生物性的特征，使得我们无法判断人工智能的感情是一种异于人类感情的独特的存在方式，抑或是根本没有与人类对等的感情，只会模拟感情；还是随着时间的推移，人工智能也可以建立自己的社会，从而发展出自己的感情逻辑。将地位和目的二者联系起来看，人工智能在尚未独立于人的阶段，不太可能建立以人工智能为主的网络社会形式，也就不太可能发展出独特的感情模式。

人工智能的身份与人不同，在以人的角度看待人与人工智能的关系前，首先要确定人工智能在人类社会中的地位。人工智能起源于人，但并不完全从属于人，核心问题在于人工智能的自我意识和主观能动性。这里存在三种可能。

第一，如果仅将人工智能视为非独立的个体，那么人与人工智能的关系，包括感情的关系，都可以归属为人与物的关系，即人工智能是物品，人与人工智能是所有者和权益的关系，这种关系只受到人类社会物权法的约束。其理由在于，人工智能的意识来源于人的编程，虽然其具有学习能力，但人的编程会事先规定某些不可突破的界限，人和人工智能之间有不可逾越的鸿沟。这意味着人可以任意处置其所拥有的人工智能实体，不会涉及任何伦理问题。

第二，认可人工智能的独立性，类似于人与其后代的关系，即源自人，受人影响，又脱离人而独立生存。这种认可实际上已经给予人工智能一个与人平等的地位，即人工智能也是人或类人，而非人类的附属品。这一观点的依据是人工智能的意识具有主观能动性，可以独立地改造现实。在这种情况下，人工智能可以被作为具有完全行为能力的个体，包括其感情也应得到相应的平等地位。即人工智能具有自主的感情和性能力，至少在人工智能之间的感情和性是被允许的。对于人和人工智能之间的感情和性，则较为复杂，其可被视为一种新型的感情和性关系的诞生。这种新型的感情关系能否得到社会的认可，正如同性恋在当今社会中的性质一样，存在多元化的观点。

第三，将人工智能的身份视为介于前两者之间的一种新型个体，以全新的观点来看待人与人工智能之间的感情和性。在这一前提下，人类很可能通过技术手段保障人工智能的某种底线，避免其逾越人类的伦理范畴。例如，禁止在人工智能中植入模拟情感的程序；立法禁止开发、销售具有性爱功能的人工智能机器。在无法承认人工智能与人类的平等关系之前，我们不可能用人类的法律来调节人与人工智能的关系，而只能为其开辟新的治理领域。人与人工智能的感情关系，只能是在特殊领域如医学保健等方面的应用，方可与人类伦理观念不发生冲突。

最终，感情作为生物性的人类的原动力之一，在消除了生物性的人身上、在人工智能身上不再显得那么重要。弗洛伊德心理学之源泉“快乐”和“性”将呈现为另外一种表现形式。人类行动的原动力将多元化、泛化。消除了生物性的人，可以视同为人工智能的最高层次，即完全的人。因为从技术上说，人如果可以脱离生物体生存，那一定是数字化、程序化的电子和机械生存，人工智能的实质就是数字化的人，两者的区别只在于数字化的过程和复杂程度上。人工智能与人类的完全等同，标志着人与人工智能的感情和性不再存在伦理疑云。真正到达这一阶段之后，人类的生存形态、生存目标都将发生天翻地覆的革命性变化，但在到达这一阶段之前，无疑还有很长的路要走。

血缘关系的变迁

人类当今的社会结构，很大程度上受到人的血缘关系影响。血缘体现了生物性中最核心的一环即种族繁衍的重要性，也同时体现了人类社会性中群居关系的起源。血缘关系作为不可挑选、不可回避的与他人关系的基础属性，决定了人类在社会行为中的大部分伦理规则。从生物性上看，人类必须采取群居的生活方式，一方面是为了进行合作来提高自然生存能力，另一方面是进行人际交往和精神生活的必需。群居行为的根本依据从自然属性上说，必然是血缘决定论。许多群居动物包括人类在内，其繁衍的幼小后代在一段时间内都无法独立生存，必须依赖父母辈的哺育和照料，加之群居所带来的狩猎、采食等活动的优势，就形成了多个具有血缘关系的个体的集体生活。个体根据血缘关系来确定自身在群体中的地位，包括等级和服从、责任和义务等；这种地位随着种族个体寿命的交替、相互竞争的结果而发展变化。在这个动态过程中，个体之间不时地出现冲突，严重的冲突甚至表现为威胁群体生存的对立，针对不同的具体事务，必须有多数人认同的观念标准，以此为准对个体和团体进行调节，因此道德观念和伦理逐步形成了。道德观念和伦理准则具体而言就是对生活中诸多特定事务的标准化，这种标准合乎大部分个体的行为，也具有调和矛盾、消灭冲突的功能，随着时间推移和经验积累，行为准则成为道德标准和伦理标准。因此，可以说血缘是群居的起源，而群居又必然产生伦理冲突，为了维护集体利益，道德观念逐步在实践中形成并固化。血缘关系中最为重要的、核心的关系即父母和子女的直系血亲关系。以直系血亲为核心展开、交融的人际关系形成了族群的社会网络。那么，在纯粹的元宇宙和人工智能的环境下，最根本的“血脉”已经消亡或其意义已经改变、淡化，其对伦理的影响具有颠覆性。

血缘关系基于人的生物性界定，生物性消失后，血缘关系即消失，在元宇宙中的个体和人工智能都不具备生物性，因此传统的血缘关系不存在。生产和复制与繁衍的区别在于前者的稳定性，低风险和大规模，后者则更复杂，不确定风险更高。这对于伦理的冲击在于生物繁衍风险带来的生育成本被削减，父母辈对子女代的代际感情同时被削弱，理由很简单：元宇宙的制作过程可以大规模实现繁衍功能，也不会带来任何风险，所需时间也大大缩减，综合起来就是——生物繁衍中代际感情的基础已经不复存在。传统的伦理问题约束的首先是血亲关系，血亲关系之所以能对个体形成制约，根本原因在于代际感情的投入，这种投入通过抚养等行为确立。伦理属于道德范畴，不具备强制性，其惩罚手段体现为社会压力和自省压力，之所以伦理能够被认可，与血缘关系和抚养成本不可分割。在元宇宙中弱化的父母 / 子女关系（生产关系）必然不能适应现实的伦理制约。但是，作为虚拟生存个体，其人的本质并没有发生变化，也不能用“非人”的观点来看待元宇宙下的血缘关系。元宇宙中，人与人之间的关系应当用一种新的伦理角度来处理。传统的伦理规则有的部分依然适用，但也有不再适用的规则和调整后适用的规则。以最基本的父母 / 子女血缘为例，元宇宙中的血缘关系可以分为下列几类。

1. 父辈和后代均来自生物个体

父辈和后代的血缘关系在元宇宙中得到继承。此类虚拟关系直接反映现实伦理，以现实世界的道德观为准绳。在这种情况下，双方的现实生存和元宇宙生存各占一定比例，即双方都处于不完全虚拟化生存之下。今天的网络世界和赛博空间，可以视为类似的案例。我们在虚拟世界中的伦理，很大程度上受现实伦理观的评价影响。

2. 父辈来自生物个体

父辈来自生物个体，其后代来自父辈的“繁殖式生产”，则后代在一定程度上依然需要依赖父辈提供的资源直至其个体完全独立。父辈与其后代的关系受到父辈投入的感情成本和资源成本的制约。同时，元宇宙的后代的学习过程大大短于现实世界的后代，其受到父辈抚育的时间短暂，对父辈的感情依赖性也较生物人类更弱。综上，薄弱的现实世界伦理是对其最好的阐述。对后代而言，一个生物个体的父辈仅仅是提供了生存基础，现实中的伦理如抚养、赡养等可能并不完全适用，而且根据元宇宙背景中社会法律的具体情况有很大不同。比如，对虚拟个体的地位的认可程度（是否等同于人）决定了是否存在类似现实世界中“遗弃罪”这样的罪名。

3. 父辈和后代均来自虚拟个体

父辈和后代均来自虚拟个体意味着完全的虚拟化生存，二者的关系基本脱离了现实的伦理关系，但名义上仍然为“父母 / 子女”关系。这种情况中双方的关系达到了一个新的伦理制度层面。虚拟个体之间的地位是相等的，两者之间的意义在于是否存在“抚养”和“感情”的现实约束。假如仅仅存在“制作”和“生产”这样的物质基础，那么，现实的伦理观点可能不适用于这种情形；但现实的父母 / 子女关系又在一定意义上决定了双方的法律地位，包括遗产继承等一般情况，这里面也必定存在责任和义务的制约。

4. 后代来自生物个体

从技术上说，这种可能性是存在的，但看不到其伦理上的必要性。一个虚拟个体，没有特别的理由去特意繁衍一个生物后代。我们可以将自身的生物学特征数字化，自然也可以通过逆向工程的方式，使数字生存个体返回生物容器。假如这种情况发生，很大程度上可以说双方的血缘关系依然是成立的，因其个体的生物特性使然导致其伦理依据也可以借用现实中的血亲关系。

以上的几种关系在从现实生存过渡到半虚拟生存、再到完全虚拟生存的过程中必然发生，其发生的频率和概率，可作为人类客观现实世界向元宇宙世界过渡的参考。人类世界加速向元宇宙世界融合，则必然发生这几种血缘关系，同时由于虚拟生存的可选择性，社会的多元化导致在元宇宙和客观现实之间的关系也存在多元化。社会关系网络中存在着纯粹虚拟生存个体、半虚拟生存个体和现实生存个体等多种情形。这就涉及非血缘关系的新的人际交往伦理了。

元宇宙中新的人际关系

除了血缘带来的伦理关系，非血缘关系也存在需要伦理调节的内容。在亚里士多德两本论述一般西方伦理观念的著作《尼各马可伦理学》和《欧台谟伦理学》中，伦理被按主题划分为：善、道德德性、行为、具体的德性、公正、理智德性、自制、快乐、友爱、崇高或完全的德性、幸福十一个方面。在东方语境中，伦理体现在具体的社会网络中，着重强调维护人与人之间的关系准则，例如《孟子·梁惠王上》中的“孝悌之义”；东汉·许慎《说文》中的“敬，肃也”;《诗经》中的“父兮生我，母兮鞠我。抚我畜我，长我育我，顾我复我，出入腹我。欲报之德。昊天罔极”。西方从个人独立角度出发的伦理概念偏重于追求个体意识的德性，东方从人际关系角度出发的伦理概念侧重在维护团体和个体的和谐，二者的不同角度源于社会结构和哲学传统的差异，甚至可能包括生物角度的思维模式差别。无论如何，它们都体现为“德性”和“德行”两方面内容。所谓德，与善一样，是伦理关系中必须厘清的核心和基础概念。学者和普罗大众的文化和思维差异，导致对“德”和“善”的理解必须通过普遍的概念方能贯彻执行，换言之，无法作用于生活的伦理是无意义的，伦理本身是一门指导实践的知识。

在元宇宙的语境下，伦理也不外乎体现为指导人际交往、评价个体的一般原则和标准。不过旧的现实下的伦理，在新的元宇宙环境下的各种关系的体现，又呈现出不同以往的特点，包括其评价体系，也会发生一些偏移。

“善”这个放在亚里士多德著作首位进行论述的概念，体现了人类社会群体属性的一种主要法则。换一个角度思考，答案便很显然：如果世界上只有一个人独自生存，那么他是否“善”有何意义？“善”本身是一个相对他人而言的概念。诚然，在现代伦理中，“善”的概念延展到了动物（如动物伦理学）、自然界（环境保护）等多方面，但这首先是人类生存在这个地球上使自身利益最大化（即保护地球和共存生物以使人类种族延续）的一种策略，其次才是一种道德的提高，也是人类自身的精神需要。在现实中，“善”简单地说即对他人好，不危害、妨碍他人，并能为他人提供一定的帮助。学者们对善的定义实际上来源于对现实生活的考察、总结，并将其内在逻辑概念化呈现，即从实践到理论的过程。普通大众对善的理解则是通过生活实践、文化继承和教育沟通得到。善之所以作为核心的伦理观，在于人的群体生存所必需。群体生存意味着合作，合作的前提是相互友好，至少是互不侵犯、互不加害的关系，即善。如果不考虑善，则人类的群体生存完全无法实现，社会反而成为弱肉强食的丛林。在不同种族、物种之间可能适合丛林法则，但在同一种族内必须维持一定的平衡，动物通过自然选择所确立的本能实现不互相侵害；而人类则必须通过伦理规则来保证这种平衡。善的概念，对于维持群体生存是一个基本的伦理准则。

在元宇宙中，善的总体评价标准不会发生大的改变，但其所指对象从现实的人变为虚拟生存的人，以及人工智能（在匿名且无法分辨的前提下）。对他人不实施利己目的的侵害甚至提供帮助这一善的核心理念并无变革的需要，盖因虚拟社会的群体生存也可能存在人类的互相侵害行为，这种负面行为也无疑会对虚拟社会造成损害。在元宇宙环境中，技术层面上对全体生存者的毁灭事件或威胁到个体生存的事件发生概率比现实世界更大，因此元宇宙社会仍然存在维持社会安全稳定的要求，甚至比现实世界更为迫切。

技术门槛的降低，使得元宇宙中的个体可以拥有强大的力量去导致严重的灾难性问题；不过从好的一面来看，个体拥有备份、可复制能力，元宇宙的再建恢复能力以及数字化环境中的监控比现实世界更为严密，这些都增加了稳定的筹码。不稳定因素和稳定因素都有所增加，基本上，维持元宇宙的平滑发展，离不开传统的“善”的伦理。当这个核心理念贯彻到个体身上，依然不会脱离其基本的理念。不过，从现在的电子游戏环境来看，由于元宇宙强大的构建和恢复能力，其描述的冲突、暴力和灾难场面及情节会比现实世界多得多，我们也可以想象，在元宇宙的虚拟化生存下，人们“善”的标准可能会有一定程度的降低。

元宇宙中构筑的场景允许人们突破在现实世界中的道德和法律藩篱，尽管是出于娱乐目的，但不可否认，这种情节对于人们在元宇宙虚拟生存中的心态必然产生类似的负面影响。新的现实将导致人们之间的关系更为包容，将一些在现实社会中被认为是“冒犯”性质的人际表达视为正常。不过这种包容并不是个体的心态得到正面的提高，而是一种被动的接受，是不得已而为之，是对元宇宙虚拟社会的轻微的反传统伦理的无奈表现。以特定词语的理解和所指范围为例，在印刷文字媒体时代，“猪”在用于形容人的情形下，只能包含负面意义，传统文化的高深和严肃性排除了其他所指；在手机和网络媒体普及后，以短信息代表的草根文化即市民世俗化融入了一般语境，使得“猪”在形容熟人时，也可能包含一种宠爱、娇嗔的意味。同时，在使用语言进行人身攻击的时候，“猪”已经从强烈的负面词汇淡化为一种较弱的负面词汇，因为其意义的范围更广了。在这种情况下，人们对于被语言暴力攻击为“猪”相对就没有那么愤怒了。这种微小的现象，从伦理学的角度来看，体现了人们对“恶”的标准的提升，即对“善”的标准的降低。而这最终归结于媒体的变革导致的人类沟通方式的变革。这种趋势不仅出现在人际交往中，也出现在其他伦理问题层面。总体而言，元宇宙环境的匿名性和非理性并不会给伦理的“善”的核心带来太大的不同，只在一些小的方面造成细微的影响。

传统的血亲关系在元宇宙中不具有存在的基础，包括物质 / 生理、精神 / 情感、阶层 / 阶级的基础均受到弱化。与“善”这种具有天然的、无特定限定的正面意义的概念不同，“孝、悌、敬”等并非天然的正面价值观，而是在社会交往和发展中为了维护家庭、家族、社会等群体概念而引发的具有一定目的性的人为价值观；人的本质没有是否孝、悌、敬之分，善作为伦理的基础，在一定程度上更为本质地反映了伦理的天然性，更为纯粹地抽离了人的身份背景来考察人性。

这种基于社会身份地位的价值观在元宇宙中必然受到变化和冲击。如前述父子血亲关系的几种情形，孝的基础是抚养和感情，在元宇宙中，抚养关系和感情投入都只可能弱于现实关系，故“孝”的约束减弱；“悌”者亦然；“敬”与此二者不同，既适用于血亲关系，也适用于上下级、前后辈、师生之间的关系，这种关系反映了维护社会阶层稳定的要求。在元宇宙中，以自由经济为主导的生产关系导致层级的弱化，草根化和去中心化导致以往用于规范层级关系的伦理法则也将变得较为次要。在一个相对固化的传统社会中，人们之所以重视自身与他人之间的伦理法则，很重要的一个原因是人们无法随意摆脱自己的身份，包括职业、师生关系、上下级关系等；而在元宇宙中，人们以某一种面貌生存，关系的状态是迅速发生、迅速改变、迅速消亡，人们不再严格受到现实关系的制约，因而在伦理角度也更倾向于自由主义。由于人们摆脱了其唯一的生物性，因此可以在元宇宙中以各种、多个身份进行生存和交往，甚至重构自身的对外性格、形象等，产生多种面貌、多重性格，这决定了元宇宙生存个体不再非常重视传统的基于身份的伦理。

其实关于元宇宙的人际关系，在当前的互联网时代便可见一斑，人与人之间的匿名社交、去中心化以及对严肃进行消解的市民化，在一定程度上代表了元宇宙的未来。元宇宙则在此基础上进一步将真实生活融入赛博空间，同时由于解除了肉身的束缚，人在人际关系中更为随意。但是这种新型的关系终究受到人的核心品质“善”的终极制约。因为，互联网社区、元宇宙都由人组成，人的群体性决定了人不可能脱离他人生存，因此人不可能以伤害他人作为生存的依据，相反，人必须寻求共赢的道路，方能保证生命的繁衍和延续。即使在意识和躯体二元化、虚拟化生存后也是如此。因此，从伦理角度而言，人在元宇宙中的底线是：基于人性的伦理仍然保留；而基于非血缘的社会化身份、地位的伦理规则被大量打破。

人与人工智能之间的伦理，随着人工智能的智能程度提高，最终呈现为一种新型的关系。尤其是当人工智能具有情感能力之后，人就不能仅将其视为“物”，人工智能便具有了基本的伦理权利。这种人与人工智能之间的关系，也是元宇宙将出现的新型人际关系之一。

旧的法律、道德体系与新伦理的冲突

法律和道德都不是一成不变的概念，它们都随着社会生产力、社会结构等的变化而变化。在元宇宙和人工智能的环境中，旧的法律和道德体系也会不断调整，以适应新的伦理关系。

物权法所面临的新问题主要由血缘关系变化引起。在私有权上，人的无限复制导致每个相同个体都拥有同样的标的物，原有的物权法可能出现变更，以满足每个相同个体的要求。由于每个主体都是合法的权利人，因此很可能最终结果是共同所有。

财产权由于继承后代的多样化也不得不被平均分化。如果考虑人工智能，问题将更为复杂。如果人工智能具有感情能力，那么其具有财产继承权的可能也将大大增加，因为在当今社会已有一些实际发生的个案，财产继承由非人主体承担（如宠物），所以人工智能无论是从物的角度还是从感情主体的角度，都可以拥有继承权。

在新的虚拟空间内，伦理原则被根本转变，受到以“类人意识”为考量的影响，即对人工智能和不能确定虚拟身份背后的实质的个体的态度和原则，成了传统伦理无法解决的问题。在传统的伦理中，人才是具备“快乐与欲望、自由意志、利己主义、爱、直觉、善、德性与义务、智慧与自我控制、仁爱、公正、法律与允诺、勇敢与谦卑”[①]这些伦理框架核心概念的个体，一切的伦理具体内容无不受这一核心的制约。而当我们不能确定虚拟身份背后的实质时，这些传统的核心框架式概念便有可能覆盖到与人相对的“物”之上。法律所调整的人与人之间的关系变成了人与物之间的关系，这一矛盾只能通过符合人类实践最优化的手段进行解决，即西季威克所强调的伦理是关于实践的理论和研究，是基于个人意愿行为的对“应当”的研究。人如何处理自身与虚拟生存个体的关系，自然也必须考虑虚拟生存个体的形态和来源，以及如何谓之“应当”。

伦理先于法律和道德规制了人类。法律是道德的下限，道德是人性的上限。当我们谈论“人性”时，便限制了两个概念的外延，仅限于“人”。在新的伦理框架下，任何可能涉及人的话题，都不应与虚拟生存的个体截然分开，这是基于意识和精神才是人的本质而言的；否定无生物性的意识，也是在否定人的本质。当法律和道德涉及无意识的“物”的时候，即涉及了现实中的种种权利和义务，即便最终具体处理的方式有种种潜在可能，也无法脱离一个本质事实——人的伦理。在新的伦理之下，必然有新的核心来维护传统与现代的继承性和平滑过渡性。人的伦理也是人类得以存在的基础，这一点是不会被牺牲的。

---

① [英]亨利·西季威克：《伦理学方法》，中国社会科学出版社1993年版，目录。

元宇宙和人的本质

谈论哲学，就很难绕开谈论人的本质。几乎所有的哲学问题都从不同角度出发建立了对“人的本质”的自我阐释，并在此基础上进一步展开对世界、对主观的思考。对人的认识，相对于对这个世界的认识更为重要（对于人类自身而言），典型的例子是“我是谁？”的疑问往往先于“这是哪里？”而发生。对人的定义，亚里士多德认为，人天生是城市的市民；富兰克林则认为，人是天生制造工具的动物；马克思则认为，人是“社会关系的总和”[①]。无论是否出于哲学的或者科学的定义，我们可以看到，对人的认识都在不断发展变化中。例如，今天来看柏拉图对“人”的理解——“没有羽毛的两脚直立的动物”，就只能令人哑然。并不是说将人类定义为某种动物不可行，而是将“没有羽毛”和“两脚直立”这两个即使合并使用也无法概括人的最突出特点的特征作为人的表述，在今天普通人的知识水平和对自然界的认识来看，实在是缺乏核心的概括性。但在柏拉图所处的年代（公元前427—公元前347），却也只能用这个定义来反映人类所能达到的认识水平了。随着技术的发展，人的概念和内涵也可能会不断发展而突破我们原有的认识；在这个条件下，科学或哲学对人的本质的定义必然发生变化。

技术上的某些壁垒能否被突破，在很大程度上决定着观念的走向——这并非技术决定论，而是客观决定主观。对元宇宙而言，人的大

① 李清和：“人的定义与从猿到人的转变的科学研究”，载于《云南社会科学》，1985（06）。

脑以及大脑的经验、情感、思维等能否被完全电子化复制，决定着元宇宙的深度，也决定着人的本质的定义。人类是否能进入纯粹的元宇宙生存抑或是半虚拟生存，依赖于这个尚不确定的技术问题的答案。如果人类无法实现纯粹的数字化，则这种虚拟化生存仅仅是随时可以脱离的、依赖于生物大脑的生存且受到大脑寿命的局限；反之，则这种虚拟化生存是理论上可以有无限生命、依赖于现实基础但独立于现实的体系。

人工智能其实就是人能否完全数字化的一种反推：如果无法实现完全的人工智能，也就是无法实现具有思考能力、情感能力的数字生存个体，人和人工智能之间便存在着不可突破的界限，人无法完全数字化。那么虚拟化生存只能是非独立的、无法脱离人体的另一种生活状态而已。

元宇宙和人工智能两者在不同层次上改变了人的生存状态以及交往方式，两者交相辉映，共同推动人类社会进入一个新纪元。如果缺少人工智能，元宇宙之中仅实现了人和人之间的互动，缺少了人和机器的互动，人和机器的关系就无法融为一体。这对于人的缺失在于：这个元宇宙世界构筑的个体基础仍然是生物体。生物性是人不能脱离自身局限性的最主要原因，是人不能超脱于日常生活的主要原因。生物个体具有生老病死等特征，使得人终其一生实际上都在为了肉体的生存和愉悦而孜孜以求。人工智能模糊了人和机器之间的界限，并最终可能使两者融为一体。人工智能可能永远无法获得与人类相同的思维能力和情感能力，但却可以获得超过人类理解的另一种思维模式——基于其机器的特征。机器虽然也有寿命，但这种寿命相对于生物寿命而言，已经大大延长、可替换、可维护，实际上已经是相对无限的生命。也就是说，纯粹的生物人类相比于人工智能，只是各有所长，并非凌驾于其上。人是高高在上的“造物主”，却也有可能被其“产品”背叛，人工智能的颠覆性可能超越我们的想象。人工智能能够无限接近人类的思维和情感，以至于我们无法分辨人工智能和真实人类的区别。

人工智能与元宇宙从不同层面拓展了人类未来生存方式的可能性。

人工智能反映着人类创造“人”的可能性和程度，而元宇宙反映着人类创造“世界”的可能性和程度，当这二者同时到达某个技术水平时，不可思议的变化便会发生。当人类创造出智慧的非生物体时，其思考世界的角度、出发点与人类可能完全相反，因为非生物体的生存方式与生物体截然不同，这种不同极有可能威胁到人类自身。这也正是前面几章所引述的当代一些有识之士反对发展人工智能的担忧之处。具体而言，这种思维也反映在大量的现当代文学艺术作品之中。例如 2015 年的好莱坞电影《复仇者联盟：奥创纪元》中，人类利用人工智能创造出来的智慧存在于互联网中，可以复制大量的自身，利用不同的外在形式，却将人类视为地球的病毒，欲将其抹杀。

元宇宙的完整性必须要求人工智能的存在，人工智能是完全的元宇宙，元宇宙是人和人工智能的网络。两者在不同层面和意义上摒弃了人类的肉身。人工智能是人的再现和复制，其进化程度决定了人类是否能完全抛弃现有的生物性；而元宇宙是人类抛弃生物性之后的去处和所在。如果人工智能无法完全取代人类，也就意味着人的虚拟生存是不完全的、不纯粹的。如前所述，元宇宙有几个不同阶段，我们讨论元宇宙的哲学性，是站在元宇宙的最终阶段，即人类实现了完全的元宇宙生存状态的阶段来延伸的。

基于以上种种，人工智能虽然和元宇宙没有直接的、技术上的因果关系，却是在另一层面上虚拟生存能否彻底实现的反映。

自我意识——复制？剪切？转移？

《超验骇客》（Transcendence）是好莱坞的一部科幻电影，于 2014 年上映，其故事是对人的意识是否能电子化的反映。电影主人公身亡后，其意识被他人上传到互联网，成为虚拟生存的个体，无处不在，综合了所有知识，具有调动世界范围内各类资源的能力，并发展出了集权和控制的意识，最终脱离了理性范畴。这部电影可以说是肯定虚拟生存的一个典型。相比 2000 年上映的、同样以真实生存对比虚拟生存为故事背景的著名电影《黑客帝国》,《超验骇客》突出的是完全否定了肉体存在的必要，并同时肯定了人工智能可以保留人的意识、记忆，甚至超越人类的智力水平。

由此引发的问题是，如果人的意识能够完全转移到另一个个体，这种转移是一种复制，还是一种剪切或转移？如果是一种复制，那么在意识转移到新的“容器”后，这个新的个体也具备了意识和独立性，是一个独立的存在，而且从这一刻起，新的个体与“源个体”成为截然不同的互相独立个体，不再具有共同的经验和未来。相当于一个分裂的个体，而分裂后又各自独立。如果意识的转移仅仅是因为原有个体“容器”的寿命达到极限，又或者为了更新升级“容器”功能，那么这种转移就不属于个体的复制，而是一种个体的转移。但即使是个体的转移，也存在两种情况：一是先完成复制，再将“源意识”删除；二是“源意识”逐步转入目标“容器”，这个过程中没有复制，而是两个“容器”中意识部分此消彼长的过程。

哲学上将意识作为人类特有的反应特性。一切事物对人都能造成反应特性，意识是人的反应特性的高级复杂形式。马克思主义哲学认为，从起源看，意识是劳动与社会的产物；从生理基础看，意识是人脑的机能。从意识的本质和内容看，是对客观事物的反映。也就是说，意识严格来讲不等于记忆。记忆是固化的，是人对以往感官经历的留存，而意识是流动的、不断变化的。意识的英文单词是 consciousness 或 mentality，也可以译为明白、精神，一方面它的客观实质是人的整体精神的统括，另一方面它是对客观世界的反馈程度的度量。只有掌握了对事物的概念之抽象理解和对特点的把握，方能称之为意识。这是一种功能，而且是高级的生物功能。除了人以外的其他动物，要么只有记忆而不具备意识（如鱼类等），要么只具备简单的意识（如大猩猩等）。意识是人脑的独特性，也是人区别于动物的主要生理机能。与其他动物相比，人的躯干部分生物体并不具备任何优势，却能在进化中保持超越其他生物的地位，完全归功于人的意识和思维能力。意识和思维保持动态变化且能不断地发展，而其物质基础是人脑。因此，自然带来一个问题：人脑能否完全用物理、化学的方式进行模拟？至少霍金认为是可以的。他说大脑可能如同程序一般，可被复制到电脑里面，“我认为，大脑就像一个电脑程序，所以理论上来讲是可以将大脑拷贝到电脑上的，而这也许可以给长生提供另一种可能”。但他同时也表示目前的技术并不能实现这一目标[①]。从马克思唯物主义观点来看，任何事物都是客观物质的表现形式，人脑即使再复杂，也不超脱于客观物体这一属性，既然是客观物体，就必然能通过物质手段复制，否则便是一种唯心主义和有神论、不可知论的体现。

复制、移动和剪切这三种不同的意识转移模式，其最终结果都是意识从生物体大脑向非生物体容器转移；而其阶段性过程却有三种不同的结果。假设大脑可以以硬件模拟，则意识可以用软件 / 程序模拟。电子学基础上的软件复制，是保留源文件和目标文件；软件的移动和剪切则是同一个概念，意指先完成复制步骤，然后删除源文件，保留目标文件，即实际上是两段操作，只不过因其在电脑界面上瞬时完成，故并不为人所察觉。在这个转移过程中，没有任何伦理问题，所存在的只是机器对机器、程序对程序的操作。假如把这个操作用于人的意识转移，由于意识本身带有私密性和个人性，带有权利特征，或者可被视为“人”，当一次复制完成时，两个同样的意识至少会同时存在一小段时间。这个时间段内，两者除了外形，在意识上完全一致，包括情感、记忆、经验和思维模式。这种情形实质上造成了对人的本质的诘问：外形

① 中新网：《霍金预言人脑可独立人体存在》，http://www.chinanews.com/gj/ 2013/09-22/5307781.shtml，2013-09-22。

不能决定人的独特性，而现在意识也不能了，我们无法对两个主体进行区分。此时在社会伦理、法律等层面会引发一系列难题，即如果这两个主体的意见不合，则无法处理任何社会伦理和法律事务。进而论之，我们能否只承认新主体，而否认甚至中断源主体的意识？这样似乎存在谋杀的嫌疑，即使源主体自愿在新主体出现后“安乐死”，但消灭一个肉体包括其意识本身就是不合法的行为。当复制完成后，两个主体都是具有肉体和意识的完整的“人”，拥有自我独立的思维能力，也有对自身的处置能力。因为源主体的感受和新主体的感受是互相独立的，所以在复制完成后，两个主体各自的感官所感受到的世界便不同，完全是两个独立的人，只不过他们的经验、意识和感情相同而已。从最初的出发点而言，源主体之所以愿意复制自身，多半是出于对社会和人生的眷恋而采取的延长自身寿命或提高自身生存质量乃至进化出更强力的功能等目的；而当复制完成后，源主体并不能立刻感受到自身意识的“位移”，即感官在旧的源主体上消失，在新主体上呈现，则无疑会感到失望。

对于这种状况，只能从技术上加以限制，先将源主体的意识关闭，待复制完成后，再在新的主体上开启，这样就可以避免两个意识同时觉醒，导致一系列的法律和伦理问题。对于意识本体而言，意识消失之时，其在源主体上；意识重新出现时，其已经在新的容器上附着了，这样的过渡就相当平滑。但这种技术能否实现又是一个问题。意识的暂时关闭可以通过类似麻醉的手段实现，但意识传输到新的主体上时，意识是逐步过渡的，可能瞬间完成，也可能需要一段时间，取决于技术手段的先进程度，在这个过程中，意识何时开始清醒，其中是否有控制手段（切换有意识和无意识状态），都可能影响到意识的最终记忆和感受。如果在意识传输的过程中已经有记忆生成，那么源主体和目标主体的意识不会完全相同；如果有控制手段使得目标意识在传输完成之后再开启，则源主体和目标主体的意识可以保持完全一致，完全平滑过渡，避免两个相同主体意识的同时觉醒。

要避免以上问题，只能在人的肉体死亡之后再进行意识和思维的重建，即对人的大脑记忆进行恢复，将其脑组织的功能特点以软件和硬件的方式再现。这样的“死而复生”就可以合理、合法化。唯一不确定的是，人的肉体死亡后，记忆、意识等会否消失抑或受到某种影响，例如丢失部分记忆或思维模式发生变化，那样再现出来的意识和智能就不是完全的“本体”，与原本的个体存在主体意识的不同，无法完全复现。不过，即使这种负面因素存在，相较于肉体和意识全面消失，对于一部分人而言，还是值得“冒险”的。从哲学意义上说，这样再现的个体虽然不是完全的源主体，但也是大部分的，并不能认为是一个新的意识。因为这个新主体的意识不会超出源主体的意识范畴，只可能小于或等于源主体的意识和记忆范畴；新主体并非一个重新发展的意识，而是原有意识主体的弱化版或复制版。

脱离肉身及其后果——幸福感的消弭？

假设人类在不断进化中最终摆脱肉体的桎梏，通过元宇宙和人工智能实现了真正的自由生命后，附着于机械、电子硬件之上的意识与附着于肉体之上的意识有一个不可忽视的差异点：肉体需要取悦，而机械和电子容器则不需要。因为肉体可以感受不同外部刺激带来的兴奋或快感，包括心理上的；而机械和电子容器则不需要愉悦感，同样的，机械也不会体验痛苦感。肉体消失了，我们原本基于肉体的种种体验也就消失了，包括生理和心理的愉悦和痛苦等。这虽然减少了人们的病痛、不快等负面感受，但也将人对快乐、幸福的积极感受一并消灭了，其实不仅是幸福感，其他感情也可能消失。完全机器化的人类只能成为理性的机器，除非利用技术在容器上加入情感因素。当然，容器本身也可能带来新的“趋利避害”行为倾向。这几种可能性都是存在的。

1. 完全理性化的人

假设技术上无法重现“情感”这一意识中的非理性因素，则虚拟化生存的人类会成为纯理性的意识（完全虚拟化生存者）。这种主体会发现，当意识从生物体上转移到容器上后，原有的“情感”由于丧失了生物分泌和应激这一来源而变得不可理喻。喜欢、喜爱或厌恶某一对象的根源可能存在，也可能消失。例如，面对一片脏兮兮的污垢，由于缺乏了生物应激，而不再觉得“恶心”；对一只毛茸茸的小狗，虽然保留着“我喜欢它”“它真可爱”之类的记忆，但不再能理解这种情感产生的根源。这种纯粹的理性化，带有一定的负面意义，它颠覆了人类一直以来的情感动物特征，将“人”彻底物化，这种“物”考虑世界本质的问题不再基于同情、感动、爱等价值观，而只以自身利益最大化为目标。客观而言，它可能有利于人类作为一个种族在宇宙中的生存，但不利于人类情感交流和社会关系的发展。抛弃了情感的这种纯粹理性的人类有可能发展出残酷的一面。至少在当今的人类价值观下，这是不可接受的。

不过，也存在这样的可能，即纯粹理性的人是从感性的人发展而来的，故而保留着感性的一面。这种感性虽然在丧失生物学特征的容器上无法被理解、被反馈，但作为人性的一面、作为一种“生存准则”而存在。正如科学家们为机器人设定的“任何情况下不可伤害人类”这一最高准则一样，虽然机器人无法理解这条准则，但可以将其作为程序化的准则而确定下来并作为行动指南。纯粹理性的人可以通过这种“不能理解但作为约定俗成”来保留人性的一面，前提是这种纯粹理性的人的意识是从生物性的人转移而来，并能得到继承。通俗地说，虽然纯粹理性的人不具有感情能力，但有基于感情的行为约束能力，这种能力从生物性的人身上继承，并形成理性人的基本原则，确保理性人类文明和价值观的存续。

2. 具有模拟情感的人

假设技术层面可以在机械和电子基础上重构“情感”这一非理性因素，则虚拟化生存者的容器本身也具备了模拟情感的能力，虚拟化生存可以具备感情因素，这与生物体人类基本一致。人类的情感能力来源于肉体，在模拟化下形成复杂的情感能力，实质上就是不同意识对容器本身的不同刺激和反应。容器上设定不同的感应器官，对不同意识进行分辨。其实在当前的脑科学研究中已经证实，人的情感受不同的脑部区域控制，这也意味着不同的物质构成可以与不同的意识互动。随着科技发展，出现构成水平超越生物细胞的物质和技术并非不可能，即通过技术手段构筑情感和意识是可能的。这种技术下对人脑进行模拟，其产生的情感也具有模拟性，即无法具备完全的感情能力，可能缺乏某些环节，或者对某些刺激反应的应激性不同。但无论如何，模拟情感都有其重要意义，即继承生物性人的社会价值。完全虚拟化生存者即纯粹理性的人与生物人之间具有断裂性，这种断裂是由于肉体的消失而导致情感逻辑的突然消失而造成的。在纯粹理性的人出现之前的世界，即当今的世界，其运作的逻辑都基于人类情感和理智的平衡这一事实；当平衡被打破，整体社会的价值中心便发生巨变。任何情感逻辑介入的领域，其规律都将重新设定。

模拟情感的出现，实质上是人类在创造容器之时，以程序化方式对其本身功能的某些规定，即完全不具备情感的机器应避免被制造为意识的容器。意识容器必须具有特定的功能规范，以保障情感因素得到物质基础支持而存在于意识容器中。这是人的主观能动性对虚拟化生存的改造。

3. 具有真实的、非人类情感的新人类

本文的前述分析认为，情感逻辑基于物质基础；既然当前的生物

人基于生物基础可以发展出目前的情感模式，那么是否存在基于机械电子基础而发展出的新的情感模式？笔者认为这种可能性是存在的。从人类新生儿来看，新生儿还无法表现出高级情感，其哭声只是对外界刺激的本能反应；而经过一段时间的与人互动，新生儿可以通过学习模仿父母的微笑等能力，此阶段其意识才逐步由本能向复杂发展。新生儿虽然具备着复杂的大脑结构，但也只能从零开始学习心理互动并形成复杂思维，逐渐成熟。也就是说，虽然其具备了物质结构这一基础，但意识仍需要逐步建立。如果人的大脑可以完全被机械电子或其他物质基础所取代，则人工智能的感情能力也将可以从零开始习得。不过，基于机械电子或其他物质的大脑其共同特征是非生物性，从中发展形成的情感也必然具有与生物基础发展形成的情感的不同之处。换言之，喜怒哀乐等生物性的情感不会完全复现在非生物性的大脑中。新人类的情感来源于其物质基础，这一点与生物性人类是类似的，但不同的物质基础所形成的情感模式存在结构或倾向性差异。例如，对于生物性人类而言，同情这一情感来源于对他人的物质或情感方面的不快和缺失的自身投射想象体验，这种想象投射，必须基于人体的缺陷或情感的失败等体验；而对于人工智能、虚拟化生存的大脑来说，这种联想的基础是不存在的，因为相对于生物机体的机械和电子容器，其缺陷可以被修理和通过技术手段升级而消除，而无法修理或升级可能只是经济或技术因素。因此，在“同情”这种情感上，生物性意识和非生物性意识的思维方式类似，但情感对象特征毫无联系，导致同情的对象也一分为二。

人类成为新世界的“造物主”

2015 年 9 月，未来学家库兹韦尔在奇点大学发表演讲，认为人类未来将实现与人工智能化为一体的“混合生存”，当机器植入大脑后，将使人类成为“神”一样的存在。这种情况下的人类思维方式将发生巨大改变，抽象思维层次增加，并将创造更深刻的表达方式，这种进化不仅是技术上的，更是精神上的。也就是说，人类创造的人工智能越来越接近人，那么人类一直以来的“造人”的说法就有了新的含义。当人造出人工智能时，人又高于了其造出的人工智能，即对于人工智能来说，人就是“造物主”。技术的拓展带来的是精神、意识层面的巨大变革，这是前所未有的。

当代的人文艺术领域反映类似想象者甚多。以电影为例，《超验骇客》的核心主题为人的虚拟化、网络化生存，其英文片名为Transcendence，直译是“超越”，另一个含义是“超然性”。所谓超然，是虚拟化生存的人所获得的、以电子技术和网络大数据为基础的信息能力，而信息能力又可以直接作用于现实世界，例如通过网络窃取金钱、组织生产等，都可以实现；又如不老、不死，这种能力是普通人无法想象的，故而具备了超脱现实世界的特征。当代科学不断发展，而艺术不断见证它，二者同时指向的方向高于现实，但并不脱离现实。纯生物人（现实生存）——混合人（部分虚拟化生存）——纯粹虚拟化生存的人，这是人类不断进化的预言。

1. 创世之力

实际上，人类并没有有意识地创造元宇宙这一新世界，一切只是人类智力和意识发展的结果。技术作为人类智力的最终体现，改造世界作为人类发展的目标，技术最终服务于人类生存发展，一个新世界逐渐成形，从模糊到清晰，而人类对其的认识也从无到有、由浅入深。所谓“新世界”，必须具有自身运行的规律，同时在某些重要方面高于现实。世界具有复杂性，要创造一个世界，必须有复杂的系统。我们目前的世界已经达到一定的复杂程度，主要是在技术层面，足以创造新世界。新世界的规律和原则是一开始便确定的，具有基本律的属性；而新世界的具体事物则是一步步被创造出来的、逐渐丰富的。新世界不一定有意识的介入，否则在人类出现以前的世界无法被解释。新世界是一个完整的系统，具有封闭性和自主性，在一定限度内可以进行自我调节、净化、发展和革新。创建新世界是一种新系统的诞生，同时这个事实本身可以证明新世界创造者的升级。

2. 永恒之力

人类最终能否实现技术上的永生、意识和精神的长存？人类文明中往往渴望永生，这也反映了人的一种能力缺陷和渴望；而人类通过机械和电子的容器容纳意识来获得永生，弥补了这种能力缺陷，意味着人类在自身进化过程中，依靠自我意识逐步获得更高能力，包括生命延续的能力。这种缺陷和不足给人类文明发展带来原生动力，也给人类带来了种种制约。其中最重要的鸿沟之一——永恒的生命是一个必须具备的条件。永恒与自然界中的其他生命相比，是一种超越、一种超脱、独一无二的特征。

3. “神”的相对性

“神”作为一个概念被人创造，当人的发展到达一定高度时，“神”的种种特性、力量最终被人实现、获得。“神”在这里作为一个标尺被人用于衡量人本身。相对人所创造的世界而言，人就是这个世界的“神”，可以掌管、操控这个世界的一切。虽然人并非全能，但相对而言，人就是新世界的“造物主”。总之，通过技术，人类完全可以使自己成为新世界的“神”。

元宇宙是人建立的新世界，人工智能是人创造的新的人。人通过这两个手段，在元宇宙中为自己创造出一个接近“神”的地位。人并不是元宇宙世界的旁观者，而是参与者。这使我们的哲学世界观出现了一些重大的转折。进入元宇宙、与人工智能共生存，对于人类本质的一些观念是一种挑战，包括对自我的认识、对幸福感的尺度等，其可能导致人类作为一个生物种群在历史演进中的价值观和目标的转变，人类的发展路径将出现重大转折，例如，由向客观世界求索更多地转变为向主观世界创造，在元宇宙中获得更多幸福；另一面则是人类文明的延缓（至少是技术层面）所赋予人类生命的意义的转变，这带给人类的思考将是持续的。

后 记

许多媒体和专业人士认为，2021 年是真正意义上的“元宇宙元年”。对此的理解，应放在一个大的背景下，即互联网的成熟和瓶颈化。自 20 世纪末以来，互联网迅速渗透到人类各个领域，而同一时期起源的虚拟现实技术（元宇宙的前身）直到今天才迎来产业化的初潮。互联网技术实质上是对信息的重新组织和管理技术，通过电子计算机辅助将原本存在于人类社会的、海量的信息集合起来，并通过程序（也就是人工智能的雏形）进行整合，按照人能理解的形式重新展示利用。这种突破带来的第三次工业革命，其影响力之巨大，毋庸多言。而人工智能又可以被看作较为复杂的程序，其具有特殊的自我学习能力，甚至可以形成自我意识，包括自我修正和进化的能力，其来源于人类的智慧，却自成体系地依赖于计算机系统和网络，具有人类所不具备的能力。元宇宙之所以刚刚迎来“元年”，与互联网技术和人工智能的发展有着密切关联。换言之，元宇宙能否产业化，要看互联网技术和人工智能产业化的结果。当然，这里所说的元宇宙并不仅是 VR 眼镜和 VR 头盔呈现的视觉环境，而是包括了互联网技术下深度融合人工智能客体所构造的未来世界。

在这个背景下，对于元宇宙的未来影响进行预测性的研究，是有一定必要性和意义的。虽然在当下看来，对元宇宙还很难形成最终判断，但其具有的一些潜在能力和影响，应该是显而易见的。这些影响，在很大程度上符合了“媒介技术论”的核心观点，即技术形式决定了其他。

本书作者也深受麦克卢汉影响，在此书架构上，也采取了类似的按媒介类型论述的体系，不过只按大众传媒的定义，划分为新闻、影视等大类，再加入对游戏的研究，基本上涵盖了传播学所认定的领域，与之前出版的《虚拟现实：最后的传播》相呼应。因此，从写作目的而言，这是一本元宇宙研究著作，但受限于元宇宙产业当前的不成熟性，本书也融合了大量技术方面的新闻和案例进行例证，对于当前的社科领域内的元宇宙研究而言，期待可以起到抛砖引玉的作用。